盛世王朝

古代中国

时代少儿人文丛书
发现中国
DISCOVER CHINA

◎张志伟／编著　◎刘向伟／绘图

时代出版传媒股份有限公司
安徽少年儿童出版社

图书在版编目（CIP）数据

古代中国王朝盛世 / 张志伟编著；刘向伟绘图 . —合肥：安徽少年儿童出版社，
2016.9（2017.4重印）
（时代少儿人文丛书·发现中国）
ISBN 978-7-5397-8787-9

Ⅰ.①古… Ⅱ.①张… ②刘… Ⅲ.①中国历史 - 古代史 - 少儿读物 Ⅳ.K220.9

中国版本图书馆CIP数据核字（2016）第044846号

SHIDAI SHAO'ER RENWEN CONGSHU FAXIAN ZHONGGUO GUDAI ZHONGGUO WANGCHAO SHENGSHI

时代少儿人文丛书·发现中国·古代中国王朝盛世

张志伟 / 编著
刘向伟 / 绘图

出 版 人：张克文	特约策划：墨 儒 墨 禅	装帧设计：墨 禅
责任编辑：李 琳	责任校对：于 睿	责任印制：田 航

出版发行：时代出版传媒股份有限公司　http://www.press-mart.com
　　　　　安徽少年儿童出版社　E-mail：ahse1984@163.com
　　　　　新浪官方微博：http://weibo.com/ahsecbs
　　　　　腾讯官方微博：http://t.qq.com/anhuishaonianer（QQ：2202426653）
　　　　　（安徽省合肥市翡翠路1118号出版传媒广场　邮政编码：230071）
　　　　　市场营销部电话：（0551）63533532（办公室）　63533524（传真）
　　　　　（如发现印装质量问题，影响阅读，请与本社市场营销部联系调换）

印　　制：合肥华云印务有限责任公司
开　　本：787mm×1092mm　1/16　印张：14.25　字数：155千字
版　　次：2016年9月第1版　2017年4月第2次印刷

ISBN 978-7-5397-8787-9　　　　　　　　　　　　　　　　　定价：28.00元

版权所有，侵权必究

序言

　　世界六大古代文明，有古代埃及文明、古巴比伦文明、古代印度文明、古代中国文明、古希腊文明和古罗马文明。这六大古代文明都为人类社会的发展进步做出了巨大贡献。本套书简要地记述了中国历史上一个个五彩斑斓的瞬间，及多位有作为、有贡献的杰出人物，并且对五千多年的历史进行了多方面的介绍，呈现中华民族辉煌的文明。

　　中国的历史是悠久的，发展是曲折的，经历了不同的发展阶段，有过洪水横流、连年亢旱的严酷自然灾害，有过强敌入侵、内患猖獗的血腥战乱。中华民族正是在这种种苦难中得到磨炼，不断向前发展和进步。

　　在中国历史上，也有过灿烂的盛世，例如汉代的武帝兴盛、唐代的开元盛世、清代的康乾盛世……这些盛世给后人留下了许多宝贵的遗产：麦浪起伏的千里沃野、柔曼鲜艳的丝绸彩缎、绵延万里的长城、清澈开阔的大运河、乘风破浪下西洋的远航、优美的唐诗宋词、卷帙浩繁的《永乐大典》……这些，传承了千百年，成为中华民族永恒的财富。

盛世的共同特点是国家强大、社会安定、经济繁荣、文化发达、物阜民安。诗人杜甫深情地回顾开元盛世，写下了著名的诗篇："忆昔开元全盛日，小邑犹藏万家室。稻米流脂粟米白，公私仓廪俱丰实。九州道路无豺虎，远行不劳吉日出。齐纨鲁缟车班班，男耕女桑不相失。宫中圣人奏云门，天下朋友皆胶漆……"盛世，是中华民族千千万万同胞共同创造的。

不过，辉煌的盛世，也掩盖着种种矛盾，"朱门酒肉臭，路有冻死骨"，盛世不是人间天堂。盛世初期，统治者励精图治，造就了国家的繁荣昌盛；到了后期，统治者却变得狂妄自大、昏庸腐败、重用奸佞、专制蛮横，最终使盛世走向保守、停滞、衰落，甚至出现严重的大动乱，这样的历史大悲剧比比皆是。开元盛世后的安史之乱，康乾盛世后的列强入侵，都给后世留下了血的教训。

本书选择了汉、隋、唐、宋、明、清六个王朝的14个时期，记述了一段又一段或长或短的盛世。盛世是怎么来的，又是怎样变成衰世、乱世，这14个典型，虽然不是历史的全部，却可以使我们得到有意义的经验和深刻的教训，让我们体会到"以史为镜"的重要性。

历史学者　姜昆阳

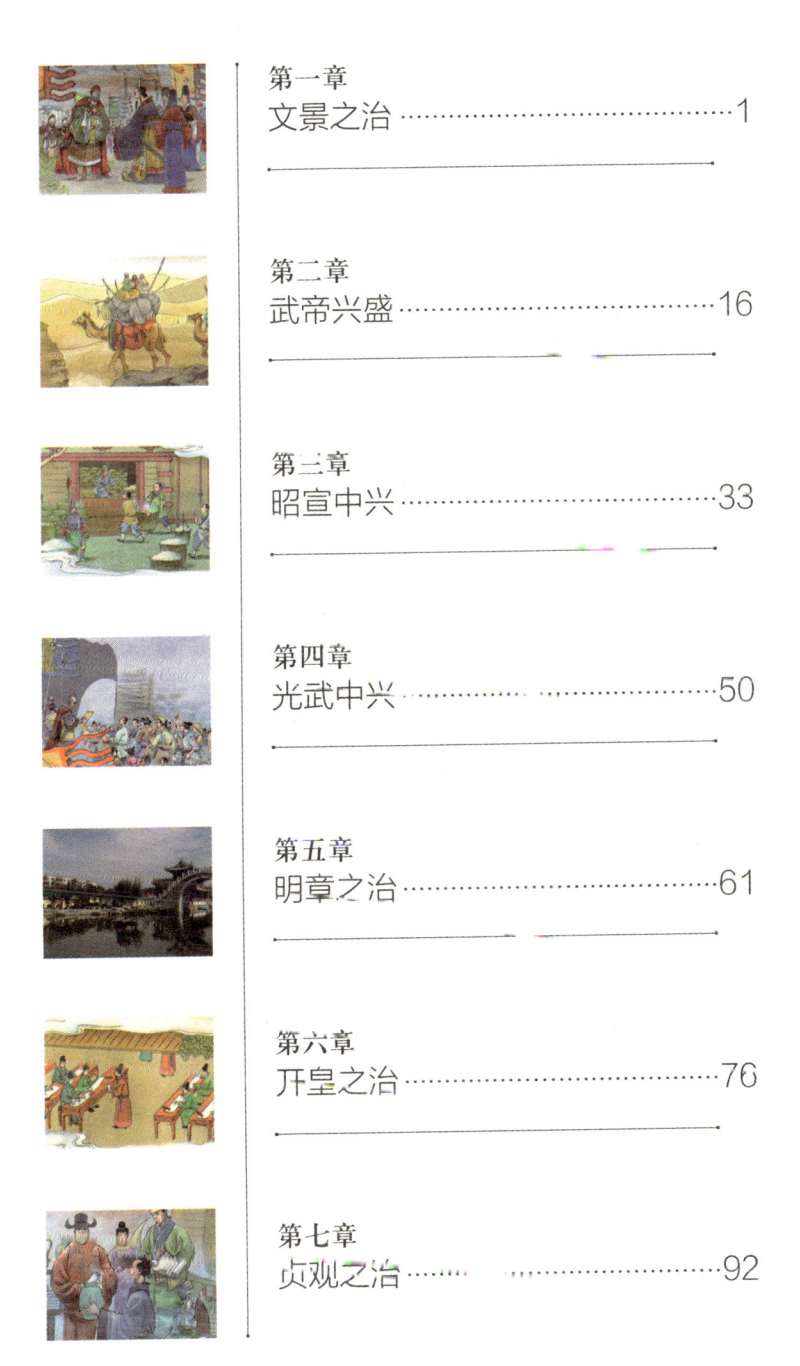

目录

第一章
文景之治 …………………………… 1

第二章
武帝兴盛 …………………………… 16

第三章
昭宣中兴 …………………………… 33

第四章
光武中兴 …………………………… 50

第五章
明章之治 …………………………… 61

第六章
开皇之治 …………………………… 76

第七章
贞观之治 …………………………… 92

第八章
永徽之治⋯⋯⋯⋯⋯⋯⋯⋯111

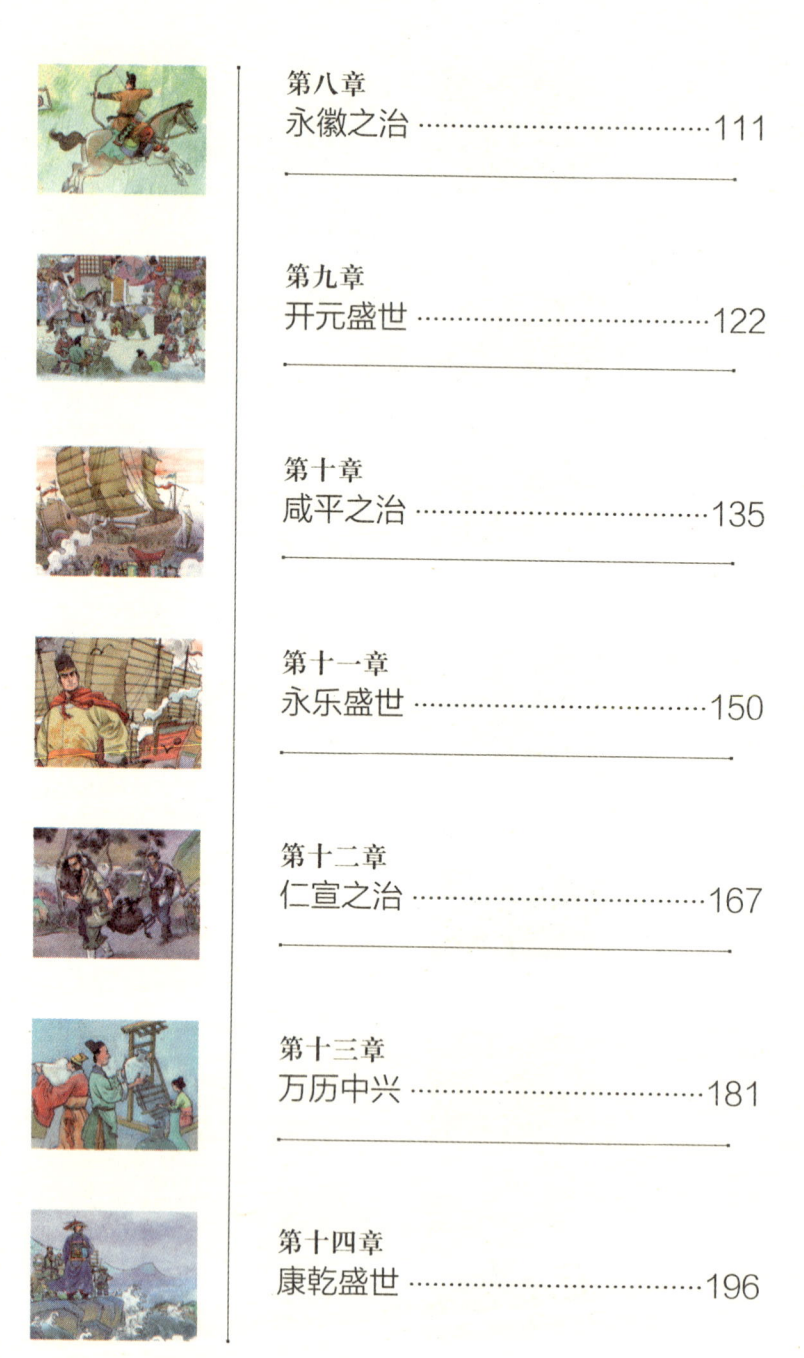

第九章
开元盛世⋯⋯⋯⋯⋯⋯⋯⋯122

第十章
咸平之治⋯⋯⋯⋯⋯⋯⋯⋯135

第十一章
永乐盛世⋯⋯⋯⋯⋯⋯⋯⋯150

第十二章
仁宣之治⋯⋯⋯⋯⋯⋯⋯⋯167

第十三章
万历中兴⋯⋯⋯⋯⋯⋯⋯⋯181

第十四章
康乾盛世⋯⋯⋯⋯⋯⋯⋯⋯196

第一章　文景之治

王朝档案：文景之治

【朝代】：西汉
【帝王】：汉文帝刘恒、汉景帝刘启
【民族】：汉族
【盛世成就】：文景时期，社会安定，百姓富裕，是中国皇权专制社会的第一个盛世。文景之治也为后来汉武帝征伐匈奴奠定了坚实的物质基础。

从公元前180年汉文帝即位，到公元前141年汉景帝去世，共39年，历史上称为"文景之治"。

在这段时间里，天下太平，国泰民安，田园丰收，商市繁荣，社会上出现了多年未有的安定、富裕的景象。《汉书》里记载：京城里的钱币堆在那里花不完，时间放置久了，以致于穿钱的绳子都烂掉了。不光是钱币多得数不过来，粮食也多得粮仓都装不下，甚至有粮食因为吃不完而烂掉了。可以想象，那时的汉朝是多么富足！

不过，这样的局面也不是轻易得来的，这跟汉文帝和汉景帝这两位皇帝顺民心、施仁政、治国有方，有很大关系。

汉文帝刘恒

汉文帝

诸吕之乱

汉文帝刘恒,是汉朝的开国元勋汉高祖刘邦的第二个儿子;在刘邦的八个儿子中,他是最不显眼的一个。汉文帝的母亲是薄姬,她出身卑微,原是一个宫女,虽然为刘邦生下了儿子,却一直受到刘邦的冷落,这从她的名分一直是"姬"而不是"妃嫔"

就可以看得出来。这也连累儿子刘恒遭到冷落，他只被封为代王，其地位远远不如其他王子那般受到尊崇。

公元前195年，刘邦驾崩，汉朝进入刘邦的妻子吕后专权的时代。吕后打破刘邦"异姓不得封王"的规矩，迫害、杀戮刘氏子弟，杀死了刘邦的三个儿子，又把自己的几个侄子立为王，操控了朝廷的实权。

那时，汉文帝还只是个代王，由于他处事谨慎，地位也不显赫，才幸免于难。吕后死时，刘邦的儿子中只有代王刘恒和厉王刘长还活着。吕家人担心刘家人对吕家人秋后算账，便阴谋叛乱，企图夺权篡位。

刘邦去世之前，给朝廷重臣陈平、周勃留下口谕，让他们辅佐刘家。陈平、周勃拥有兵权，很快就将吕氏集团剿灭。统治大权重新回到刘氏集团手里。

意外当上了皇帝

平乱之后，朝廷重臣出于多方考虑，一致同意迎立一向有宽厚仁慈名声的刘恒为皇帝。

朝臣派出使者前往代郡，迎接刘恒赴长安（今陕西西安）继承皇位。刘恒见到使者前来，一度担心这是个阴谋。他的属臣们也分成两派，一派认为代王不要轻易冒险，一派则说代王应当抓紧时机即位。

刘恒无奈，最后决定听从天意，他请来卜师，通过占卜问卦来决定吉凶。卜师的占卜结果非常吉利，刘恒这才放心。

不过，为了以防万一，刘恒还是做了周密的安排。他派舅舅薄昭先行一步，到长安探听虚实。到离长安城还有五十里的时候，他又派自己的得力干将宋昌进城再次查探。确认安全无虞，刘恒这才进入未央宫，做了大汉皇帝，史称汉文帝。

加强统治

刚刚即位的汉文帝在长安毫无政治根基，为了能高枕无忧地做皇帝，他首要的事情就是要把军权抓在手里。在汉文帝进驻未央宫的当天夜里，他就任命自己的亲信宋昌为卫将军，控制驻扎在京畿要地的南军和北军；任命张武为郎中令，负责皇宫的警卫。

刘恒能坐上皇帝的宝座，连他自己都感到有些突然。他心知肚明，如果没有一批朝臣的拥戴，他皇帝的宝座是坐不长久的。除此之外，诸吕之乱后，各诸侯王的势力日渐强盛，从而对朝廷形成了巨大的威胁。刘恒深知，当务之急，就是要千方百计地建立忠于自己的嫡系，削弱诸侯王的势力，巩固自己的地位。

汉文帝采取恩威并施的策略，来搭建为自己所控制的朝廷班子。为了拉拢人心，凡是有功的大臣，人人受赏，君臣皆大欢喜。汉文帝提拔周勃做了右丞相，陈平做了左丞相，灌婴被升为太尉，这三个人组成了忠心耿耿的朝政核心；同时，他新立了一批值得自己信任的诸侯王，加强对地方的统治。

公元前177年，济北王刘兴居叛乱；公元前174年，淮南王刘长又举起了叛旗。虽然这两起叛乱很快就被平息，但汉文帝开始意识到必须控制和削弱诸侯国的势力。公元前164年，汉文帝得知齐王刘则去世的消息后，大喜过望。因为齐国是最大的诸侯国，齐王刘则没有儿子，他死后没有明确的王位继承人。汉文帝于是采取分封多个王位的措施，把齐国分成了儿块，从此齐国的势力被大大地削弱了，再也无法构成对朝廷的威胁。在齐国推行分封措施的成功，让汉文帝尝到了甜头，他又将淮南国一分为三。持续推行的分封措施，逐渐分割削弱了各诸侯国的势力，解除了诸侯国对中央政权的威胁。

至此，汉文帝心中最让他担忧的两件事情基本得到了妥善的解决。

细柳阅兵

公元前158年，匈奴进犯汉朝的北部边境，汉文帝急忙调兵遣将，组织防御。为了保卫京城，汉文帝派三路军队在长安附近驻扎。一路驻守灞上，一路驻守棘门，一路驻守细柳。领兵驻扎细柳的主将，是名将周亚夫。

为了鼓舞士气，汉文帝亲自慰劳三路军队。在灞上和棘门，汉文帝都通行无阻。两地的主将听说汉文帝来探望，不免受宠若惊，赶忙组织官兵隆重迎接。为汉文帝送行时，又都毕恭毕敬。

当汉文帝前往细柳，先行的队伍却被拦在了营寨之外，负责守卫的都尉说:"周将军有令,军中只听将军命令,不听天子诏令。"汉文帝到了营寨,派使者拿自己的符节进去通报后,士兵才打开寨门迎接。士兵还嘱咐汉文帝的随从:"周将军有令,军营之中任何车马都不准急驰。"到了军中大帐前,周亚夫穿着盔甲迎接汉文帝,说:"我穿着盔甲,不方便跪拜,请陛下恕罪。"汉文帝触动很大,对随行的大臣说:"这才是真正的将军!和细柳的驻军相比,灞上和棘门的军队,简直像是儿戏,遭到袭击只能当俘虏。只有周亚夫,没人敢进犯他!"

这件事汉文帝一直记在心里。汉文帝在临终之际,对太子,也就是后来的汉景帝说:"今后在关键的时候,你应该重用周亚夫,他是国家的栋梁和支柱。"

有一支纪律严明、威武强悍的军队,是文景盛世的切实保障。

实行休养生息的国策

汉文帝吸取了秦朝统治暴虐、赋税沉重、徭役繁多、民不聊生，二世就亡国的教训，延续先帝刘邦"休养生息"的国策。他登基之后下发的一道重要诏令，就是"还利于民"。

汉文帝时期大力推行"以农为本"的政策，鼓励农耕蚕桑的发展，对努力耕作的农民还给予奖励。同时下令在全国范围内减收田租、轻徭薄赋，以减轻农民的负担。公元前178年和公元前168年，汉文帝两次将田租租率减为三十税一。公元前167年，他甚至还免掉了农民一年的田租，可谓皇恩浩荡。

汉文帝在位共计23年。这期间他针砭时弊、积极改革，废除了严刑苛法：下令废除了残酷的肉刑，废除对罪犯家属的连坐惩罚，维护法律的尊严。文帝的励精图治，取得了丰硕的成果。当时粮仓丰满、国库充盈，百姓的生活质量有了很大提高。汉朝的国力空前提升。

孝顺与节俭

汉文帝是个有名的孝子，他侍母至孝的故事，闻名天下。薄太后患病卧床三年，他常常目不交睫、衣不解带地在床前侍奉。薄太后所服的汤药，他亲口尝过后才放心让母亲服用。刘恒孝敬母亲的故事被收录进了《二十四孝》，在二十四孝中，他是唯一一位入选的皇帝。

汉文帝自己的生活也十分节俭，衣食住行都不讲究排场。他禁止地方诸侯、文武百官以各种名义，向自己进献奇珍异宝。他在位期间，对自己居住的宫殿、休憩的园林、乘坐的龙辇以及穿戴的衣物等，都严格控制开销。有一次，汉文帝想搭建一座露台，负责这件事的官员向他汇报说，搭建露台需要花费一百两白银。汉文帝说："这么多钱抵得上十户中产人家的财产总和。我住在先帝的宫室，已经常常觉得有些奢华，也就不该把钱再浪费在搭建露台上了。"

汉文帝死后葬在霸陵，这是西汉王朝中罕见的没有高高封土的王陵，陪葬品没有一件金银器，只有陶器。从这也可以看出文帝非常节俭。

汉文帝的自律与俭朴，让贵族、官僚们在生活上也不敢太过奢侈浪费，这也就减少了对百姓的横征暴敛，在一定程度上减轻了民众的负担，缓和了阶级矛盾。社会的稳定，保障了经济的发展，使汉朝逐渐步入了一个繁荣强盛的时期。

汉景帝

公元前157年，汉文帝去世，太子刘启即位，史称汉景帝。景帝在位期间，勤政开明、任用贤臣，进一步发展了文帝开创的繁荣局面，使当时社会经济的发展达到了一个新的高度。

重用名臣晁错

汉景帝刘启

汉景帝即位后，立即任命晁错为首都长安的行政长官。景帝多次单独召见晁错，和他商量议论国家大事。晁错提出的很多治国对策，都让汉景帝很满意。后来的许多法令，都是由晁错主持修订的。汉景帝对晁错的信任，远远超过对很多大臣的信任。

晁错也并没有辜负汉景帝的信任，他对景帝刘启忠心耿耿，一心只为国家社稷，从来不考虑自己的利益，专心致志地

辅佐景帝。

晁错推崇的是法家的学说，他是当时著名的文学家。汉文帝曾任命他做主管祭祀的官员，此时的晁错经常向汉文帝上书，对修养生息和边疆政策提出了自己的看法；坚决主张削弱藩王的权势，限制诸侯，深得汉文帝的信任。汉文帝让晁错做了太子的老师，负责教育和培养太子。除了辅佐太子之外，晁错仍然非常关心当时的国家大事，经常发表意见，提出建议。

晁错制定的改革措施触犯了很多重臣的利益，他显贵的地位又遭到大臣们的嫉妒。他推行的削藩政策，虽然强化了中央政权，大大加强了朝廷的权力，巩固了皇帝的统治，增强了汉王朝的实力，却引起了诸侯的恐慌和不满，他们想方设法造谣陷害晁错，甚至派刺客暗杀他。

晁错的父亲曾经劝他稍加收敛，可晁错执意不从。他的父亲无奈地哀叹："你这样做，刘家是安定了，可晁家却要倒霉了。"他的父亲不忍心见到这样的局面，喝毒酒自尽了。

为了国家社稷，晁错早已把个人的利益和安危抛到了脑后。

平定七国之乱

在汉景帝还是太子时，有一次和吴王刘濞的儿子下棋，两人发生争执，失手用棋盘将他打死，引起了刘濞的强烈不满。当时汉文帝对刘濞也是满怀歉意，不仅大加抚恤，后来对刘濞很多过分的言行，也睁一只眼闭一只眼，但他没想到这更加助长了刘濞的嚣张气焰。

杀子的旧仇加上削藩的新恨，使得刘濞决定新账老账一起算。他联合楚王刘戊、赵王刘遂、济南王刘辟光、淄川王刘贤、胶西王刘昂、胶东王刘雄渠，打出了"清君侧，诛晁错"的旗号，大军直逼首都长安。

迫于压力的汉景帝，出于维护社稷的大局，做了"为了对得起天下人，绝不会爱惜一个人"的决定，挥泪斩杀了晁错这位忠臣。景帝原以为这样一来七王就会退兵，但哪知叛军不仅不肯退兵，甚至公开表明这次就是为了夺取皇位而来。

汉景帝悔恨自己错杀了晁错的同时，赶紧在军事上进行部署。他命令太尉周亚夫率领汉军主力，进攻吴楚军队；曲周侯郦寄进攻赵军；将军栾布进攻齐军；景帝还拜窦婴①为大将军，驻扎在荥阳，作为后援，监视齐赵方面的动静。

据说，汉景帝召见窦婴时，窦婴以自己生病为理由，加以推辞。汉景帝无奈之下只好对他说："现在国家面临着存亡的危急时刻，你难道可以推辞吗？"见景帝一番真意，窦婴这才接受了任命。

周亚夫与窦婴是当时的名将贤臣，他们只用了三个月的时间就大破叛军。刘濞逃到东瓯（今浙江温州），为东瓯王所杀。其余六王也都难逃一死的下场。七国之乱终于被平息了，其最直接的成果，是实现了"削藩"的目的，也就进一步加强了中央政府对地方的控制。

汉景帝在平息吴楚七国叛乱之后，又趁机在政治上做了一番调整。他下令诸侯王不得再继续治理封国，其日常行政工作必须由中央政府派去的官吏担任；他又改革诸侯国的官制，改丞相为相，裁去御史大夫等大量官吏。这些措施使诸侯王失去了政治权力，仅得租税而已。如此一来，不但加强和巩固了中央政权的权力，也进一步削弱了诸侯王的力量。

平定七国之乱后，汉景帝潜心政事。由于深受其父汉文帝和其母窦太后的影响，汉景帝推崇黄老之说。由于中央政府推行了一系列促进农业和经济发展的政策，其中包括减少赋税、兴修水利，等等，促进了农业的发展，让社会进入了繁荣稳定的阶段。

经过文景二帝39年的治理，中国迎来了西汉前期的太平盛世。

盛世成就

国家的财政收入多、富人的收入高不是太平盛世的标志，更重要的是看百姓的富足程度，尤其要看广大农民的富裕程度。从汉高祖即位（公元前202年）到汉景帝后元三年（公元前141年），前后共62年间，西汉王朝实行的是中国古代堪称典范的轻徭薄赋政策，农民的负担大大减轻。从文帝十三年（公元前167年）起，又连续免除全国田赋长达11年，可见文景时期农民的负担是比较轻的。

农业的发展使粮价大大降低，百姓富足，社会安定，像当时那样安康的社会在中国历史上是少有的。经济的发展，保证了国家的财政收入，文景时期国家所掌握的财富，与西汉建国初期有天壤之别，这在中国历史上也是不多见的。

社会的安定和经济的发展，使文景两朝的人口得到了快速增长。西汉初年，大侯国的户数也仅是万户而已，小国只有五六百户。到了文景之治时期，大侯国已有三四万户人家，小国的户数也翻了几番，全国人口总数迅速增加，百姓的生活比西汉初年要殷实得多。

文景之治是汉朝统治者顺应历史发展，采取相应的治国政策，所缔造出的中国历史上著名的盛世。生产的恢复和迅速发展，提高了百姓的生活水平，也大大夯实了国家的物质基础。汉朝出现了一派多年不见的稳定富裕景象，为战胜北方强敌匈奴的侵扰，打下了坚实的基础。

小链接：
窦太后让儒生和野猪搏斗

窦太后信奉黄老之学，景帝和窦家子弟都熟读并推崇《老子》，她在世时，孔孟的儒家学说是不受重视的。

有一次，窦太后召见一个叫辕固生的博士（博士，古为官名），问他怎么评价《老子》。辕固生信奉儒家，平时看不起黄老之学，竟然直言告诉窦太后："《老子》不过是一部乡下人读的书，没什么道理。"窦太后听了非常生气，命令将辕固生扔到猪圈里去，与野猪搏斗。

汉景帝怜惜辕固生的才华，不忍他这样屈死，就给他一把锋利的匕首防身。辕固生因此能够杀死野猪，窦太后也就没有再为难他。

汉景帝在位16年，始终没有让儒生在朝廷做官，可以说根源就在窦太后身上。

知识拓展：

①窦婴：窦太后的侄子。汉景帝在还没有立太子的时候，曾开玩笑说想传位给自己的弟弟梁孝王，窦婴立刻阻止，说："天下是高祖打下的天下，帝位应当父子相传，这是汉朝立下的规矩。皇上凭什么要擅自传给梁王！"窦太后疼爱梁孝王，因此就很讨厌窦婴。窦婴也就借口身体不适辞职了。七国之乱的时候，窦婴重新出山，因为平乱有功，被封为魏其侯。

第二章　武帝兴盛

王朝档案：武帝兴盛

【朝代】：西汉
【帝王】：汉武帝刘彻
【民族】：汉族
【盛世成就】：改革政治，开疆拓土，奠定了中华疆域版图，开创了汉朝军事最鼎盛时期。

"文景之治"后，汉朝迎来了鼎盛时期。公元前140年，年仅16岁的刘彻做了皇帝，成了中国历史上有名的汉武帝。

汉武帝在政治、经济、文化和军事等领域都有建树，开创了西汉王朝实力最强的时期，是中国皇权社会的一个发展高峰，他的治理使汉朝成为当时世界上最强大的国家之一。

史书评价汉武帝为"雄才大略"，称他威严、坚强、明智、仁德。在中国的历史书上，经常同时提起"秦皇汉武"。他的功业，对后来西汉王朝的发展和中国历史的进程影响深远。

汉武帝刘彻

卫青大败匈奴

汉武帝即位后，面对的还是外患、内忧这两个老大难的问题，外患是北方凶悍的匈奴，内忧是诸侯王国。

匈奴是北方草原的游牧民族，有一支极为勇猛强悍的骑兵，善于长途骑袭，经常侵扰汉朝的北方边境，甚至打到首都长安附近，抢掠粮食牲畜财物，俘虏平民百姓做奴隶。汉朝军队多次抵抗，却连连战败，死伤严重。为了避免匈奴寻衅滋事，维持稳定，休养生息，汉朝只能多年奉行和亲政策。即使这样，匈奴人仍然不时地骚扰汉朝边疆。汉武帝年幼的时候，曾亲眼目睹汉朝

古代中国王朝盛世 17

汉朝大将卫青

的公主，含泪和亲人告别，被迫到遥远的大漠与匈奴的高官显贵联姻，同时，还要给匈奴送去大量金银、绸缎等财物。汉武帝心里非常憎恨和亲政策，觉得这是莫大的侮辱，于是暗自发誓要让匈奴受到惩罚。做了皇帝以后，他崇尚武功，四处选拔优秀的人才，积极为讨伐匈奴做准备。

有一次，汉武帝出宫去看望自己的姐姐平阳公主，喜欢上了平阳公主家的女仆卫子夫，于是很快将卫子夫与她的弟弟卫青一起带进宫中。卫青当时是平阳公主家的骑奴，虽然出身低微，却

很有军事才能。武帝封卫青做了皇宫的卫队长，而且经常与卫青一起讨论与匈奴作战的事情。汉武帝很庆幸自己找到了得力助手，他问卫青："将来有一天，汉朝跟匈奴人开战，你会做我的大将军，驰骋沙场吗？"卫青毫不迟疑地回答："我做梦都希望有这么一天，让汉朝的旗帜在大漠飘扬。"

卫青第一次率兵出征就取得了胜利，打破了匈奴不可战胜的神话，极大地鼓舞了汉朝将士的士气，也让汉武帝看到了打败匈奴的希望。战功显赫的卫青被封为大将军，他多次率军击败匈奴军队，扭转了汉朝对匈奴作战的劣势局面。

张骞出使西域

为了打败匈奴，汉武帝对有关匈奴的一切情况都很关注。汉朝军队和匈奴军队交战，只要抓到了俘虏，都要把他们押解到首都长安，献给汉武帝。有一次，汉武帝从俘虏的口中得知，匈奴的首领单于曾经打败天山西面的大月氏国（今阿富汗），还将大月氏国王的头颅做成酒樽，大月氏国因此发誓要报仇。

得知这个情报，汉武帝不禁心中大喜。他想，如果能够争取到大月氏这个盟友，共同出兵打击匈奴，胜算就更大了。可是，匈奴当时势力很大，已经控制了西域大部分地区。要穿过匈奴的势力范围去寻找大月氏国，难度很大，也很危险。

汉武帝左思右想，决定发放皇榜，招纳贤人勇士，来完成这一艰巨的任务。看到皇榜，一名叫张骞的年轻官员挺身而出。武帝见张骞为人成熟稳重，坚忍中透着一股豪情，确认此人值得重用，于是派遣他出使西域[①]，寻找大月氏国，争取结成军事联盟。张骞这一去就是13年，他曾经被匈奴俘虏、囚禁、关押，历尽了千辛万苦，但始终不忘自己的使命。公元前126年，张骞趁匈奴内乱逃回来。看到苍老的张骞，汉武帝简直不敢相信自己的眼睛。

张骞此次西域之行，给汉武帝带来了大量的第一手资料，使得汉武帝对西域的风土人情、民族分布有了更多的了解，为汉武帝与匈奴大决战的胜利，做出了非常重要的贡献。在汉朝大败匈奴之后，张骞又第二次奉命出使西域，与乌孙、大宛、康居、大夏等国建立了联系，进一步加深了中原和西域各民族的经济和文化的交流。汉与西域的关系日益亲善，越来越密切。

霍去病册封冠军侯

卫青有个外甥叫霍去病，由于智勇双全而深得汉武帝的信赖。公元前123年，汉武帝命卫青率领十万大军去攻打匈奴。由于当时年仅17岁的霍去病已经崭露头角，于是汉武帝就任命他为骠姚校尉，率领八百骑兵，跟随着卫青的大军一起出征。武帝本意只是让霍去病增加些战争阅历，感受下真刀真枪的战场气氛。没想到初生牛犊不怕虎，骁勇好胜的霍去病竟然对匈奴的腹地发动了一次长途奔袭，打了一个漂亮的大胜仗。

胜利的消息传到长安，汉武帝非常振奋，年纪轻轻的霍去病被封为冠军侯。

　　在随后的战役中，霍去病又率军与匈奴在河西（指甘肃、青海两省黄河以西）展开会战。此战又一次大败匈奴，霍去病成为了让匈奴军士闻风丧胆的战神。在漠北（指中国北方沙漠、戈壁以北的广大地区）大战中，霍去病的个人声誉达到了巅峰。他狠狠打击匈奴军，一路追击，深入到匈奴的王廷，把匈奴人赶到了大漠以北，并在狼居胥山（一说是今天蒙古国境内的肯特山，一说是今天河套西北狼山，但都和史书记载不合，此山的具体地址不详）完成了祭天大礼。卫青率领另一支军队也深入匈奴的腹地，歼灭了匈奴主力，烧光了匈奴的工事和存粮。

　　漠北大战的胜利，终于让汉武帝解决了匈奴这个外患。匈奴势力被迫向北、向西往中亚一带转移。汉朝控制了河西走廊（中国内地通往西域的要道，因为位于兰州黄河以西，所以叫这个名

霍去病墓今貌

字），与西域各国的联系也越来越紧密，形成了历史上著名的丝绸之路②。边疆的安宁，对外贸易的繁荣，让汉朝的国库更加充实，汉文化也开始影响周边的国家和地区。汉人这一称谓就是那时候形成的，并一直被保留到了今天。

汉武帝的财神爷桑弘羊

解决外患，汉武帝仰仗的是卫青和霍去病等将领。不过，打仗需要经费，兵马未动，粮草先行。汉武帝统治时期，与匈奴之间战事不断，虽然文景之治给他留下了大量财富，但也经不起这样大的消耗。

那么，汉武帝到底是怎样维持如此庞大的军费开支呢？

这就必须要提到一位财神爷，他就是桑弘羊。桑弘羊是长安一个商人的儿子，他不但熟悉财务运营且韬略过人，因此深得汉武帝的信任，并被委以重任，负责掌控汉朝中央财政近40年。在他的统筹运营下，汉武帝时期积累了丰厚的财富。最关键的是，他帮助汉武帝聚敛资财，用的不是一味提高赋税，增加百姓负担的方法，而是采取让国家和民众都得到了实惠的策略，因此备受后人赞誉。

汉武帝在位期间，实行的一系列经济改革，都和桑弘羊有关。在桑弘羊的主持下，政府颁布了盐、铁、酒官营令，国家垄断盐、铁、酒的生产，禁止私人经营，每年可以有大笔稳定的税收；还实施了算缗告缗令，算缗是要求工商业者不能对政府隐瞒自己的财产

汉武帝主持铸造的五铢钱

数额，必须按比例缴纳税费；告缗就是鼓励民众揭发那些不如实呈报财产的人，一旦属实，检举者可得到被告发人一半的财产作为奖赏。桑弘羊推行："均输""平准"，进行严格的物价管理、获取运输管理，保证了财政收入，平抑物价，打击投机倒把的行为。为了解决驻扎在边境军士的粮食供应问题，连续大规模地募民实边[3]、军民屯田。这些经济措施卓有成效，有效增加了国家的财政收入。有此般本事的桑弘羊能够得到汉武帝的信任和重用，自然也就不足为奇了。哪一个皇帝能离开自己的财神爷呢？

汉武帝奖励开荒，赈济灾民，大规模地兴修水利。修建了长安附近的漕渠、龙首渠、白渠、六辅渠等，在朔方（大致相当于今内蒙古河套西北部及后套一带）、酒泉（今甘肃酒泉）等地兴修水利，亲自指挥堵塞黄河瓠子决口。有学者统计，这些水利措施增加了灌溉面积七万多顷，促进了农业生产。

汉武帝又大力整顿货币，他曾经先后试行了三铢钱、四铢钱、半两钱、白鹿皮币，后来决定统一发行五铢钱，使用铜质模具浇铸，保证质量。取消了各郡国铸钱的权力，并严厉打击私钱盗铸的行为，稳定了市场，保证了经济繁荣。五铢钱成色好，分量足，轻重适当，铜色浑厚匀称，文字端庄俊秀，深受百姓欢迎。五铢钱从汉武帝时期的公元前118年，一直沿用到唐朝的公元621年，通行了739年，是中国使用时间最长的货币。

主父偃献计"推恩令"

有了军力和财政上的支持，汉武帝不但能派出强兵猛将，和匈奴展开大规模的决战，一雪前朝的耻辱，也逐渐有精力去处理文景二帝时期遗留下的诸侯国的问题。汉武帝仔细研究了文景二帝"削藩"的做法，分析了其中的得失，觉得贸然"削藩"，只会火上浇油，加深中央政府与地方诸侯国的矛盾，将其逼入绝境，从而导致叛乱。可怎样才能找到一个两全其美的方法，既能削弱地方诸侯的势力，又不至于引发他们的反叛呢？为此，汉武帝绞尽了脑汁。

就在汉武帝一筹莫展之际，主父偃向汉武帝呈上了"推恩令"。汉武帝看后不禁眼前一亮，忍不住拍案叫绝。主父偃虽出身平民家庭，但他自小就刻苦用功，长大后又游历于各个诸侯国，从而积累了很渊博的学问和见识。他曾经在燕、赵、中山等诸侯国游历，但都没有受到礼遇和重用，甚至可以说是饱尝冷眼。但长年的游历生活也使他对当时各诸侯国非常了解。主父偃

深知各诸侯国内错综复杂的关系，也清楚诸侯们的致命命门。

"推恩令"的核心做法，说白了就是"温水煮青蛙"，让诸侯们在不知不觉中落入朝廷设的圈套。一直以来，汉朝诸侯国实行的是"长子继承制"，只维护长子的利益。诸侯国的王位、权力、财富，都由长子继承。"推恩令"的实施，则让诸侯的所有子弟都能享有继承一份土地和爵位权力。这样一来，"推恩令"自然会受到所有诸侯子弟的欢迎，诸侯的地盘也会被越分越碎，以至再也没有实力来对抗中央朝廷了。

"推恩令"推行初期，发生了淮南王刘安密谋叛乱的事件。刘安喜欢黄老之术，深得窦太后的赏识，他组织人编写的《淮南子》，窦太后更是专门找来阅读。刘安早就怀有反叛的念头，但他还没来得及准备妥当，就因门客和自己的儿孙告密，使反叛的阴谋败露，刘安只好畏罪自杀，几千人受到牵连而被杀、被刑。这场胎死腹中的叛乱，对于汉武帝来说，无疑是一个再好不过的机会。于是汉武帝借机把"推恩令"成功地推行了下去，诸侯国越来越小，诸侯只能在封邑收租税，没有政治军事权力，再也没有人敢对中央政权违抗不遵了。

汉武帝的大一统

汉武帝登基之初，就觉得利用黄老之术实施统治，是造成诸侯势大的主要原因。他想要拨乱反正，提倡儒学，大力提拔儒生，只是由于窦太后的阻力强劲，不得已才延续执行文景二帝时期的休养生息政策。等到窦太后去世后，汉武帝抛开了黄老之术，采用了董仲舒[4]"罢黜百家，独尊儒术"的建议，把儒学扶持为当时的国学。董仲舒是儒学大家，他提出的大一统、君权天授、天人合一的思想正合汉武帝心意，很多建议都被汉武帝采纳。

汉武帝在长安创立了太学，这是专门的儒学教育机构。太学作为当时的最高学府，为汉朝培养了大量可用的人才。太学的成立，也促成了民间积极好学的风气，促进了文化的传播和普及。

更重要的是，汉武帝改变了大官僚和大富豪子嗣垄断官位的情形，让普通家庭有才能的子弟，也有了入朝为官的机会。像卫青、霍去病、桑弘羊、公孙弘、主父偃这些人才，都得益于汉武帝唯才是举的理念。

汉武帝当时的很多举措，往往会受到保守势力官员的反对，特别是受到丞相抵制。按照汉朝祖制，丞相一职多由开国功臣或者贵族显要来担任，他们往往比较保守，不像汉武帝那样激进。为了让自己的主张得以贯彻，汉武帝就经常寻找借口训斥、打压丞相。由于丞相受到的压力太大，以致于朝中大臣都不愿意接任丞相之职。汉武帝很清楚，要让自己的旨意能快速地推行下去，必须建立一个完全听命于自己的僚阁。于是汉武帝设立了中朝及尚书台，将很多儒生提拔进核心机构，作为身边的智囊团，为自己出谋划策。公元前124年，平民出身的儒生公孙弘成为丞相，完全打破了以前总是由贵族担任丞相的惯例。汉武帝建立了文官武将的官职、升迁、秩禄的制度，通过种种举措，汉武帝进一步强化了自己的权威。

为了进一步强化中央集权，汉武帝创立了监察制度，在朝廷设专职监察官员御史大夫、司隶校尉，继续瓦解地方诸侯势力。武帝派遣了各路御史，加强了对地方豪强和官吏的监督和控制。公元前106年，汉武帝将全国分成了十三个部，并向每个部派出一名刺史，这些刺史常年在地方办公，直接向汉武帝汇报。刺史的地位在当时是相当高的，他们监察地方官员、诸侯、富豪等人的行为，并对地方行政、财务、司法、人事等进行全面监察。有了这些刺史，地方上的诸侯更加不敢轻举妄动了。汉武帝创立的监察制度，在中国实行沿用了两千多年，大大强化了对中央和地方的监察，保证了国家法制体系的正常运行。

盛世成就

汉武帝在位54年，无论文治武功，都很有建树，经过多年的经营，一个更加强盛的汉朝出现了。在北部、西部，强大的汉朝军队赶跑了骁勇善战的匈奴人，保证了北部、西部边陲的安宁。在东部，汉朝在朝鲜（指朝鲜半岛）设置了郡县。在南部，汉朝不但统一了百越（中原人对长江中下游及以南地区各民族的泛称）之地，还致力开发西南部地区，把该地区正式纳入了中国的版图。慑于汉朝的强大，众多邻邦小国也纷纷臣服于汉朝。至此，汉朝的疆域基本成形，统一的多民族国家得到了巩固。

汉武帝时期，张骞出使西域，开辟了丝绸之路，中国第一次把目光投向了世界。汉使最远到达了现在的北非和地中海沿岸，开拓了连接欧亚大陆的丝绸之路，欧亚非的丝绸贸易就此成型。汉武帝时期从西域引进葡萄、苜蓿等农作物种植，从大宛（今费尔干纳盆地）引进了良种马，西域的乐曲、舞蹈传至中国，中国的铸铁技术、农业技术、丝织品、井渠法、漆器等传至大宛等地。

汉武帝先后进行了六次币制改革，基本解决了春秋战国以来一直未能解决的币制问题。

汉武帝重用文人贤士、重视文化建设，历史上第一次由政府下令在全国范围内征集图书，皇室和政府藏书空前丰富。中国历史上第一次明确记载的国家图书馆也是在这个时期设立的。汉武帝还创建太学、乡学，设立举贤制度，形成了中国独特的文官制度和教育体系。

另外，汉武帝时期还有很多中国历史上的首创：

汉武帝是第一位使用年号的皇帝；

汉武帝是第一位在统一的国家制定、颁布太初历的皇帝，以正月为岁首，一年分为十二个月，二十四个节气，一直沿用到今天；

汉武帝时期，司马迁[5]写出了中国第一部纪传体的史书《史记》；

汉武帝时期绘制了地图，使用了比例尺、方位、图例，精确度很高；

汉武帝时期推行了牛耕铁犁，犁有犁铧、犁壁，可以同时进行翻土、碎土、松土、开沟、培垄；推广耧车（播种机）下种，水碓脱粒，风车扬糠，还推广了代田法，农业生产水平大为提高，许多农业技术在中国沿用了两千多年，还传到亚洲其他国家和欧洲；

汉武帝时期推广了手摇纺车，提花织布机，发明了炒钢法；

汉武帝时期观察和记录了558颗恒星，对天空星座分区命名，发现了恒星的不同颜色、亮度及变化、运行的特点，还记录了彗星、流星、陨石、变星；

汉武帝时期发明了最早的纸——后世称之为灞桥纸；

汉武帝平定南越（今广州市）后，首次在今天的海南岛设郡，统治了今天的海南岛与南海诸岛的地区；

汉武帝开创了名副其实的盛世，史称武帝兴盛，对后世产生了深远的影响。

和汉武盛世同时期的，世界上还有二个大国处于繁盛时期。罗马帝国横跨欧洲、北非、西亚，有发达的经济和强大的军事力量；帕提亚帝国位于西亚和中亚，中国称之为安息，是丝绸之路上重要的一环，和汉朝保持着友好的关系；位于中亚的是贵霜帝国。

> **知识拓展：**
>
> ①西域
> 西域是汉朝对玉门关、阳关以西地区的总称。当时的西域，分布着几十个小国，其中一部分是游牧部落，另外一部分是小城邦。汉武帝之前，匈奴控制着西域的大部分地区。打败匈奴之后，汉朝于公元前60年设置西域都护府，它成为了管理西域各国的政治、经济、文化和军事中心。从那时起，西域就是中国不可分割的一部分。
>
> ②丝绸之路
> 张骞两次出使西域，极大地促进了中国同西亚和欧洲的联系。从长安往西，经过河西走廊（现在的甘肃、新疆），到达安息（现在的伊朗高原和两河流域），再从安息转运到西亚和欧洲的大秦（罗马帝国），这就是历史上著名的"丝绸之路"。通过丝绸之路，汉朝向外输送出丝织品和养蚕、打井、灌溉

技术，冶铁铸铁技术，多种农具，等等；引进了良种马、驴、骡、葡萄、苜蓿、石榴、胡麻、核桃、大蒜、西瓜、黄瓜、蚕豆、豌豆等物种，以及多种乐器。

③募民实边

移民到边塞。

④董仲舒

董仲舒（公元前179年—公元前104年），是汉代思想家、哲学家、政治家、教育家。董仲舒在30岁时，开始在家办学，招收了大批学生，精心传授自己的学问。董仲舒为汉朝培养了大批人才，后来很多人都当了大官，董仲舒个人的声誉也越来越高。在汉景帝时，他当了博士；在汉武帝时，他曾担任过易王和胶西王的国相。董仲舒提出的儒家大一统、君权天授、天人合一、三纲五常的思想，不仅维护了汉武帝的中央集权，也为当时社会的发展，做出了积极的贡献。

⑤司马迁

司马迁（公元前145—不可考），字子长，西汉夏阳（今陕西韩城南）人，一说龙门（今山西河津）人。中国西汉伟大的史学家、文学家、思想家，创作了中国第一部纪传体通史《史记》（原名《太史公书》）。《史记》被公认为是中国史书的典范，记载了从上古传说中的黄帝时期，到汉武帝元狩元年，长达3000多年的历史，全书130篇，约52万字。有纪传体（本纪、世家、列传），叙事的专业史、志（如礼书、乐书、平准书、河渠书等），有各国的断代史（如晋世家、楚世家等），有大事年表、月表，还有人物的一览表，内容非常丰富，资料准确，记述鲜明生动，既是优秀的史学著作，又是杰出的文学著作，被鲁迅誉为"史家之绝唱，无韵之离骚"。

第三章　昭宣中兴

王朝档案：昭宣中兴

【朝代】：西汉
【帝王】：汉昭帝刘弗陵、汉宣帝刘询
【民族】：汉族
【盛世成就】：推行了一系列政治、经济措施，使社会生产得到恢复和发展，西汉国力重新强大。

汉武帝雄才大略，在政治、经济、文化、军事上均有重大建树，北征匈奴，南平氐羌，但是他生活奢靡，军费沉重，给民众带来了深重的灾难，百姓生活困苦。汉武帝晚年，天灾严重，社会动荡，农民起义频发。作为汉武帝的继承者，西汉汉昭帝和汉宣帝时代（公元前87年至前48年），西汉处于恢复和发展阶段。汉昭帝在霍光辅政下，多次下诏救济农民，减免税收，减轻农民的负担。汉宣帝即位后，着力整顿吏治，推行了一系列改善政治经济的措施，才使得西汉的国力逐渐恢复，并得到很大的发展，社会趋于稳定、强盛。这段时期，历史上称为"昭宣中兴"。

汉昭帝刘弗陵

汉昭帝

托孤大臣的努力

汉武帝临终前，有四位大臣在他的床前，接受了托孤的重任，他们分别是霍光、金日䃅、上官桀、桑弘羊，这四位大臣都是武帝极为信任的大臣。汉武帝让他们辅佐自己年仅8岁的儿子刘弗陵，也是有自己的打算的。

> **小链接：**
>
> **汉武帝托孤**
>
> 汉武帝在五柞宫得了重病，当时霍光侍奉在武帝身边。霍光担心武帝去世后的国家大事，问武帝："如果您出了意外，谁来继承王位？"武帝说："你还记得我此前送给你一幅周公的画吗？我会让我的小儿子弗陵继承皇位，你要像周公那样辅佐弗陵。"当时，弗陵只有8岁，后来他虽即位成了汉昭帝，但国家大事基本由霍光决断。霍光为人稳重，做事小心谨慎，每次入朝觐见皇帝时，站立的位置、前进的线路都是固定的，从来不会出一点差错。

光禄大夫霍光,是霍去病的弟弟,代表了卫氏、霍氏家族,汉昭帝时期被提拔为大司马大将军、领尚书事。光禄大夫金日磾,原本是匈奴人,被俘虏后却一直受到汉武帝的重用,他曾参与镇压打击原太子(卫子夫的儿子刘据)的势力集团,与霍光关系亲密,后来被提拔为车骑将军。搜粟都尉桑弘羊,一直是汉武帝主管财政的官员,后被提拔为御史大夫。太仆上官桀,是霍光的亲家,后被提拔为左将军。

汉武帝委托这四个大臣,与丞相田千秋共同辅佐幼帝,汉昭帝时代由此开始。顾命大臣的组成，代表了当时各派的统治势力以霍光为核心。因为汉武帝看重的是霍光的为人，他不仅有卫家和霍家势力的支持，而且与金日䃅、上官桀都是儿女亲家，可以说关系稳固。

刘弗陵小小年纪就做了皇帝，不免让宗室贵戚有了一些想法和不满，其中以汉昭帝的哥哥燕王刘旦、姐姐颚邑盖长公主为首，他们甚至拒绝承认汉昭帝是汉武帝的儿子，想把汉昭帝从皇帝的宝座上拉下来。所以汉昭帝即位初期，朝廷内外的矛盾错综复杂，托孤大臣与皇亲国戚的明争暗斗甚为激烈。

此时霍光的重要性就越来越凸显，为了稳固自己的势力，他先后任命司马迁的女婿杨敞为军司马，故御史大夫杜周的儿子杜延年为军司空。这样的人事安排势必得到了豪门家族的支持，为霍光的施政扫除了障碍。为了减少来自王公贵族们的威胁，霍光表面上极力安抚燕王等人，在暗中却除掉了与燕王勾结密切的刘泽等人，削弱了反对汉昭帝的势力。霍光的苦心经营，使他渐渐成为了当时的政坛领袖。

金日䃅去世后，霍光的势力受到了一定的削弱。此时上官桀趁势勾结颚邑盖长公主，逼着霍光提拔自己的儿子上官安为骠骑将军、桑乐侯，又立自己的孙女为皇后。如此一来，上官桀的势力就赶上甚至超越了霍光。

利国利民的盐铁会议

在汉武帝时期，朝廷加强了对盐铁酒等商品的控制，增加了税收，也让很大一部分财富，都集中到了大官僚、大地主和大商人手中，损害了广大农民的利益。中小地主和一般百姓越来越贫困。汉昭帝上台后，霍光主持朝政，他为了改变对广大农民不利的局面，在盐铁等物资的运营上，与桑弘羊等人展开了一番斗争。

公元前86年，霍光派遣使团，巡视地方诸侯国，一方面提拔有才能的人，让他们到朝廷做官；一方面了解民生状况，为召开盐铁会议做了积极的准备。

公元前81年年初，霍光将大批有识之士接到了京城，在丞相田千秋、御史大夫桑弘羊的主持下，召开了盐铁会议。会议的主题是要不要废除盐铁官营，除此之外，还涉及汉朝社会各方面的问题，比如对待匈奴的外交政策，国内的吏治等重大问题。

盐铁官营损害了广大农民的利益，很多与会者都建议改变汉武帝时期的这个政策；桑弘羊代表大地主、大商人阶级的利益，坚决反对改变。双方激烈辩论，在霍光的巧妙主导下，汉昭帝在当年七月下令，废除盐铁官营、均输等政策，采取了减免赋税徭役和废止严刑酷法、降低盐价、整顿吏治的一系列措施，使得经济得以恢复、发展。

燕盖谋反的流产

上官桀为了取代霍光，掌控汉朝的最高权力，他与颚邑盖长公主等宗室贵族结成死党，密谋篡权。而此时的燕王刘旦，虽说是汉昭帝的兄长，但对汉昭帝也是百般的羡慕、嫉妒，常常想取代汉昭帝，过过做皇帝的瘾。与此同时，桑弘羊也心态失衡，认为是自己让汉朝繁荣富强，没有谁的功劳大过自己，他也想推翻霍光，成为朝廷的主政者。于是这些人的矛头直接对准了汉昭帝和霍光。公元前80年，长公主、上官桀、燕王、桑弘羊等人，加紧了政变的准备工作。燕王刘旦上书汉昭帝，诬陷霍光，说他将被匈奴扣留19年的苏武召还京都，任为典属国，是为了向匈奴借兵，目的是要造反，推翻汉昭帝。燕王刘旦想要通过这些捏造的事情来威吓汉昭帝，让昭帝同意自己带兵进入都城，名义上保卫汉昭帝，实则为兵变做准备。

小链接：
苏武牧羊

汉武帝时期，苏武出使匈奴，但被匈奴扣押。匈奴逼他投降变节，苏武严词拒绝。匈奴把他押到北海（今贝加尔湖一带）牧羊，一直过了19年。汉昭帝即位后，匈奴和汉朝外交关系开始缓和。汉朝要求匈奴让苏武等人回国，但匈奴却撒谎说苏武已经死了。后来汉朝又派使者访问匈奴，跟随苏武出使的常惠想方设法偷偷见到汉使，报告了苏武在匈奴的情况。汉使就对匈奴单于说："我们的皇帝在上林苑中射猎，射得一只大雁，脚上系着帛书，帛书说苏武等人在北海牧羊。"单于无法再隐瞒，就向汉使道歉说："苏武等人的确还活着。"苏武在公元前81年春，终于回到长安。19年前出使匈奴时，苏武还是英武壮年，回来的时候已是须发皆白的憔悴老人。苏武的忠诚维护了民族的尊严和操守。

这份奏章通过上官桀，送到了汉昭帝手中。他们希望汉昭帝会宣布霍光的罪证，罢免霍光；除掉霍光之后，再把汉昭帝赶下台。他们万万没有想到的是，汉昭帝根本不相信，反而力挺霍光："我知道那封书信是在污蔑霍光，霍光根本没有二心。""如果霍光要调动自己的部下，燕王刘旦是不可能知道的。""霍光是顾命大臣，如果他要推翻我，完全不需要这样大动干戈。"当时汉昭帝只有14岁，却能够揭穿了燕王等人的阴谋，维护霍光的清白。霍光的辅政地位，因此更加稳固。

上官桀等人的第一次阴谋，就这样流产了。但他们并不甘心，又准备发动武装政变。他们让长公主出面，宴请霍光，想趁机杀掉霍光，逼迫汉昭帝退位。长公主门下的一名官员，向杨敞告发，于是汉昭帝、霍光能够抢先一步，逮捕了上官桀、桑弘羊。长公主、燕王刘旦自知犯了死罪，只得自杀身亡，其余阴谋团伙的主要人物都被严厉镇压。这次没有来得及付诸实施的谋乱，历史上称之为"燕盖谋反"。

汉昭帝在位13年，充分信任和重用霍光，霍光确实也很能干，他没有辜负汉昭帝的信任和重托，在他的辅佐下，君臣齐心一致，从而开启了汉朝"昭宣中兴"的昌盛局面。

汉宣帝

汉宣帝即位

汉昭帝去世的时候，只有21岁，没有留下儿女，于是由谁来做皇帝，就成了最重要的朝廷大事。当时，汉武帝的六个儿子中，只有广陵王刘胥

汉宣帝刘询

还活着，很多大臣认为让广陵王即位做皇帝，才是名正言顺的。可惜的是，广陵王这个人，做事一直很任性荒唐，汉武帝在世的时候，就对他很失望。霍光极力否定了大家的推荐，认为不应该让刘胥做皇帝。

最后众大臣一致同意，让武帝的孙子，昌邑哀王的儿子刘贺来做汉朝的皇帝。可是，做了皇帝的刘贺，热衷于奢靡的享乐生活，一天到晚只知道喝酒作乐，驱赶虎豹互相撕咬，坐着太后的小马车游游逛逛，根本不理朝政，大臣们对他的行为感到非常失望和不满。关键时刻，又是霍光挺身而出，他联合众大臣，写了一封劝退信，信中对只做了二十天皇帝的刘贺说："……不以国家为重，抵挡不住诱惑，帝王的义务和职责，一概都不执行。这样做，只会扰乱汉朝的法度，造成很坏的影响……不适合做汉朝的皇帝。"

在金銮宝殿上，霍光当着文武大臣的面，解下了刘贺的御玺和绶带，转身交给皇太后，废黜了刘贺的帝位。然后，霍光扶着刘贺，将其送出了皇宫。

公元前74年，故太子刘据之孙刘询被霍光举荐为皇帝，就是汉宣帝，当时汉宣帝只有18岁。说到刘询，就不得不提到"巫蛊之祸"[①]。太子刘据受到江允的诬陷，被迫自杀。只有几个月大的刘询，被偷偷送到民间。后来汉武帝知道太子是冤枉的，刘询才被送回皇宫，不过他在宫中的地位并不高。

霍光家族的下台

即位之初,汉宣帝处事相当谨慎。遇到国家大事,宣帝仍旧请霍光决断。所有上报朝廷的事情,大臣们都会先报告霍光,了解了霍光的态度后,再报告汉宣帝。

看到霍光的权势如此之大,宣帝的心里也感到了恐惧。霍光上朝时,汉宣帝表面很镇定,其实紧张得内衣都被汗湿了。

汉宣帝的谦恭谨慎,却让霍氏家族的权力不断膨胀。为了进一步控制皇帝,霍光的妻子想要将自己的女儿霍成君立为皇后。但是宣帝是一个有情有义的人,他坚持让落魄时结发的妻子许平君做了皇后。后来,趁许后临产,霍光的妻子竟然指使女医官下毒将许后害死。许后的惨死,让汉宣帝万分悲伤,最终还是立霍成君做了皇后。宣帝强颜欢笑,心中苦不堪言。一年之后,汉宣帝让许后的儿子做了太子,霍光的家人又想加害太子,但是没能成功。

公元前68年,霍光病重去世,汉宣帝亲自主持朝中政事,开始削弱霍氏的权力。他采取了一系列措施:大臣们可以直接向皇帝上书,扶植反霍势力,逐步剥夺霍氏家族的兵权。

面对汉宣帝的攻势,霍氏家族当然不会束手就擒。他们策划暗杀,又假借太后的名义,想废掉汉宣帝。公元前66年,阴谋败露,庞大的霍氏家族轰然倒下,受到牵连被诛杀的有几千人。

汉宣帝由于从小生活在民间,知道官逼民苦的道理。他主政后,非常注重对官员的监督和治理。在公元前67年,汉宣帝下了一道诏书，要求所有的官吏一定要忠于职守，尽心尽责。在公元前62年，汉宣帝派遣十二位朝廷重臣，督察各地官员的政绩。在这样严格的管理下，官员们恪守自己的职责和为官的底线，大都可以做到廉洁敬业。

灵活的外交政策

汉宣帝采用结盟的方式，联合乌孙出兵攻打匈奴。匈奴两面受敌，吃了败仗。由于损失惨重，以致元气大伤。后来匈奴又相继遭到乌孙、乌桓、丁令等族群的袭击，力量大大削弱。匈奴又发生了内乱，分裂为五个派别，各自拥立单于。公元前59年，匈奴日逐王归顺了汉朝，汉宣帝将他封为归德靖侯。公元前56年，匈奴左大将军王定也归顺了汉朝，汉宣帝封他为信成侯。为了安置归顺的匈奴人，汉朝专门设置了西河、北地属国。因为仰慕汉朝的实力，匈奴部族也纷纷向汉朝宣誓效忠，每年都要来汉朝进贡。汉匈边境因为趋于和平，汉朝随即裁减了近百分之二十的军队，极大地减轻了社会负担。退伍的军士也能充实生产力。

汉宣帝初期，西羌先零部落（曾居住在今青海湖等地）逐渐强大起来了，先零部落与其他各部落订立了盟约，准备联合进攻汉境。汉宣帝任命名将赵充国[2]负责防御羌人的骚扰。赵充国是个深谋远虑的将军，他先让汉军做好备战准备，派探子监视羌人的行动；他又派得力的干将深入羌人内部，用计离间羌人各部落，阻止羌人结盟。

赵充国做好充分准备后，率领汉军包围了羌人，但并没有发动攻击。鉴于羌人军心涣散，各部落互相埋怨，内部矛盾重重。于是赵充国下令，只攻打先零部落，其他部落都围而不打，以离间羌人。公元前60年，羌民杀了先零部落的领袖杨玉、犹非后投降了汉朝。西南的边境就这样平定了。

为了安置投顺的羌民，汉朝设置了金城属国。

郑吉屯田与西域都护府

汉朝在公元前102年，已经在西域的天山山脉南麓乌堡设置了校尉，率兵屯田③，控制了塔里木盆地周围的26个城邦。

公元前68年，汉宣帝派遣侍郎郑吉，驻扎在渠犁（今新疆库尔勒市）。同年秋，郑吉奉命发动诸国兵3万人及屯田卒1500人西击车师（古代中亚东部西域的一个城郭国），车师王降汉。打败了车师。匈奴人得知消息后，出动大军，与汉军争夺车师。郑吉坚守阵地，向汉宣帝请求增援。汉宣帝命令长罗侯常惠，率领张掖郡、酒泉郡的骑兵，绕道前往车师北部。匈奴害怕汉军的威势，只好悄悄撤退了。

车师的国王发现，如果能得到汉军的保护，匈奴人就不敢再欺压自己了，于是主动和汉朝结盟。汉宣帝任命郑吉负责西域39个城邦的安全，号称"都护"。西域都护的幕府，设置在乌垒城（在今新疆库尔勒与轮台之间）。至此，汉朝取代了匈奴在西域的管辖权，西域也正式成为了西汉的疆土。

在汉昭帝、汉宣帝的治理下，西汉迎来了武力强盛、经济繁荣、社会安定的时期，成为中国历史上有名的盛世。

盛世成就

汉昭帝在霍光的帮助下，整顿吏治，改革经济政策，控制了汉武帝遗留下来的问题，在一定程度上缓和了社会矛盾，有力地刺激了生产力，汉朝的经济重新复苏，开启了中兴的良好局面。

汉武帝时期经常发动战争，虽然平定了外患，打败了匈奴，但连年的战事也给汉朝社会带来沉重的负担。而汉宣帝深知国家的复兴离不开和平稳定的环境作为保障。当时汉朝正面临棘手的边疆问题，汉宣帝汲取汉武帝的经验教训，没有采用粗暴、简单的武力手段，而是通过军事打击、政治影响、经济扶植等各种方式，多管齐下，收到了事半功倍的效果，使天山南北这一广袤地区正式归属西汉中央政权，具有划时代的重大意义。

汉宣帝注重官员管理，抑制土地兼并，连续六次减免田租赋税，给穷苦农民发放食物、种子，减少徭役，减轻百姓负担，各级官员执政良好，让百姓得以安居乐业，社会经济得到了快速的发展。在汉宣帝统治后期，国内经济繁荣，农业连年丰收，谷价达到了汉代的最低价。汉宣帝设立了"常平仓"，用国家财政干预粮价。如果粮食丰收，政府就以稍高的价格买进，遇到饥荒时再以原价售出，以平抑物价，保证百姓的生活。

汉宣帝整顿吏治，要求"信赏必罚，综核名实"。他重视官吏的选拔，亲自考察刺史、太守。如果官员们治理业绩好，便发给证书和奖金表彰。汉宣帝时期执法公平，豪门权贵犯法的也要惩办，出现许多"循吏""良吏"。汉宣帝还经常亲自审理重大案件，主张"明察宽恕"，反对"决狱不当，不辜蒙戮"。

在汉昭帝和汉宣帝两代君臣的努力下，汉朝逐渐走出了低

谷，再次变得富裕强盛起来。

昭帝宣帝时期，政治比较清明、社会和谐、经济繁荣，官员的能力配得上他的职位，人们安居乐业。有历史学家说，昭宣时期是汉朝武力最强盛、经济最繁荣的时候，史称为"昭宣中兴"，是西汉的又一个盛世。

知识拓展：

①巫蛊之祸

公元前91年，丞相公孙贺的儿子公孙敬声，骄奢不法，被人告发，说他与阳石公主通奸，还利用巫蛊陷害汉武帝。公孙贺父子都被杀，诸邑公主、阳石公主、长平侯卫伉等人，都受到株连被杀。汉武帝派江充彻底调查这件事，江充趁机栽赃陷害太子刘据。刘据起兵反抗，杀了江充。汉武帝听信谗言，派重兵征讨太子，太子和卫皇后都被迫自杀。这件事牵连了上万人，被称为"巫蛊之祸"。后来汉武帝了解了真相，深为痛悔。

②赵充国

赵充国（公元前137—前52年），西汉著名将领。他有勇有谋，熟悉匈奴和氐羌族人的生活习性。在汉武帝的时候，就曾率领一百多名勇士冲出匈奴的重围。汉昭帝时，他率领汉军平定了氐族的叛乱。汉宣帝时，他不顾76岁高龄，又率军平定了羌人的叛乱，在甘肃青海一带屯田军垦，保卫了边疆的安宁。

③屯田

利用边防军的战士，以及农民、商人，开垦边界一带的荒地，收获粮食，称为屯田。开垦者为军队，称为军屯；开垦者为农民，称为民屯；开垦者为商人，称为商屯。大规模的军屯始于汉武帝，他在公元前119年击败匈奴后，在北部西部边境地区，让防卫部队进行了大规模屯田，生产出的粮食，就近供应给边防军，这就是边防屯田的政策。屯田的政策，发展了边疆地区的经济，也使西汉军力更强盛，巩固了边防。

第四章 光武中兴

王朝档案：光武中兴

【朝代】：东汉

【帝王】：光武帝刘秀

【民族】：汉族

【盛世成就】：结束了国家长达二十年的混战与割据，建立了东汉政权，开创了东汉初年社会安定、经济恢复、人口增长的局面。

　　刘邦在公元前202年建立了西汉政权，到了公元8年，外戚王莽废除了汉朝皇帝，自己即位当了皇帝，建立了新朝，西汉政权灭亡。新朝只存在了16年，就被绿林军①推翻了。刘邦的后代子孙刘秀，在战争中逐渐发展了势力，统一了天下，最后建立了东汉政权。一方面，刘秀延续了刘姓子弟做皇帝的正统；另一方面，他通过改革，缓解了当时的社会矛盾，让社会生产力和经济都有了复兴，史称"光武中兴"。

汉光武帝刘秀

短命皇帝王莽

西汉王朝末年，政权腐败，社会混乱，外戚王莽排斥异己，扶植自己的势力，逐渐掌控了大权。公元8年12月，羽翼丰满的王莽，逼迫西汉最后一位皇帝孺子婴（刘婴）退位，自己做了皇帝。王莽改国号为"新"，史称"新莽"政权。为了缓解日益激化的社会矛盾，王莽进行了一系列政治经济改革，但都一败涂地，没有起到积极的效果，局势更加动荡，危机四伏，民不聊生。公元23年，新朝被绿林军推翻，王莽被乱军所杀。新朝只存在了16年，是中国历史上短命的王朝。

王莽在位期间，对外关系紧张，还推行了各种并不成功的改革，例如随心所欲地发行新货币，强行把所有田地收归国有，对盐、铁、酒进行专卖，增加多种税收……这些措施把经济和社会秩序搞得一团混乱，大大增加了百姓的负担。此外，各地因为天灾不断，人民饥寒交迫，生活极为贫困，纷纷造反起义，新朝摇摇欲坠。

昆阳之战

新朝末年，到处掀起起义的浪潮。刘秀和兄长刘縯是汉的宗室，也决定在南阳郡的舂陵乡（今湖北枣阳）发动起义。这支起义军因此被称为舂陵兵。舂陵兵后来与绿林军合并，扩大了力量，打破了王莽军的围剿。

公元23年，绿林军拥立西汉宗室刘玄为帝，建立了更始政权。刘玄封刘縯为大司徒，封刘秀为太常偏将军。王莽知道消息后，非常生气，立即派遣大司空王邑、大司徒王寻，率领数十万精兵，扑向昆阳（今河南省叶县），想要镇压并扑灭新生的政权。

当时，刘秀的部队从阳关（今河南禹县西北）撤回昆阳。昆阳的守军只有九千人，大家都想放弃昆阳，退守荆州。刘秀认为："只要兵力集中，还有可能取胜；如果分散开来，就会被敌

人一口口吃掉。"大家觉得刘秀说得有道理，同意固守昆阳。

　　趁王莽大军还没有对昆阳形成合围，刘秀带领十几名骑兵趁夜出城，前往附近的定陵县、郾县搬救兵，征集了1.7万精兵，马不停蹄地增援昆阳。

　　王邑率军攻打昆阳，久攻不下，将士们都感到疲惫，士气也大大降低。刘秀率领援军赶到，斩杀王莽军千余人，绿林军士气大振。刘秀又派三千勇士，偷偷渡过昆水（今河南叶县辉河），向王邑的大营发起攻击。王邑和王寻率领一支万人队伍，迎战刘秀，结果被刘秀围困，王寻战死，新军其他将领都不敢援救。

昆阳的守军看到刘秀取得了胜利，就冲出昆阳城，由内向外向新军发动攻击。在内外夹攻之下，新军阵脚大乱，纷纷溃逃，被踩踏而死的士兵尸体，漫山遍野都是。这个时候，突然天降暴雨，河水暴涨，新军万余人正在渡河，被淹死的不计其数，河水都被堵塞了。

昆阳一战，刘秀消灭了新朝主力，新莽政权随即土崩瓦解。绿林军很快攻入长安，王莽死于乱军之中，短命的新朝就这样覆灭了。

统一天下

刘秀取得昆阳大捷，正想乘胜追击，突然传来一个噩耗，更始帝杀死了大司马刘縯。这对刘秀来说，不仅是一个巨大的打击，也让他的处境变得非常危险。为了不让更始帝猜忌自己，刘秀急忙亲自向刘玄谢罪。由于刘秀立有大功，而且他的性格也不像刘縯那样锋芒毕露，更始帝便封他为武信侯。

为了给自己找个安身的地方，刘秀就向刘玄提交申请，说："河北现在还没有归附，我想去招抚他们。"

刘秀的朋友邓禹，为刘秀献策："更始政权是不会长久的，天下的乱局才刚刚开始。你现在应该四处招募勇士，取悦民心，效仿汉高祖，建立伟大的功业。"

刘秀到河北后，得到上谷（今河北宣化）、渔阳（今北京密云）两郡的支持，招募了耿弇等人，势力日益壮大。更始帝想要收回刘秀的兵权，但刘秀违抗命令，开始与更始政权产生裂痕。

公元25年6月，刘秀已经拥有数州土地，几十万军队，在众人的拥戴下，刘秀称帝，称为光武帝。由于刘秀是汉高祖的后人，为了显示重兴汉室，刘秀仍然使用"汉"的国号，历史上称之为东汉（也称后汉）。

在此之后，天下依然动荡不安。赤眉军[2]拥立刘盆子为帝，建立了建世政权。

刘秀多次派军与赤眉军交战，互有胜负。后来经过崤底、宜阳两战，赤眉军主力终于被刘秀歼灭。

随后，刘秀继续征讨各地的农民起义军，平定了多股割据势力，经过十二年漫长的战争，再次统一了中国。

中兴之主

四分五裂的战乱局面结束了，由于连年的战争，国家人口锐减，许多城镇变成废墟，大片田园荒芜。

公元51年，朗陵侯臧宫、扬虚侯马武上书光武帝："现在匈奴内部发生不和，北匈奴实力减弱。应该趁这个机会，派出军队攻打他们，一定会取得大捷。"光武帝并没有听取他们的建议，反而回复了一道诏书："现在国家还没有治理好，又连遇天灾，百姓的生存都困难，怎么还会愿意去边境打仗呢？当务之急是减轻百姓的负担，尽快恢复生产。"

光武帝考虑到由于国内战事不断，会严重影响经济的恢复，于是对周边少数民族采取了友善、安抚的政策。缓和了民族矛盾，避免大规模战争的爆发。

东汉政权建立时，土地的兼并异常严重。豪强势力的壮大，对上威胁皇权统治，对下影响百姓生活。为了加强朝廷对全国土地和劳动者的控制，在公元39年，光武帝下令，各地重新丈量土地，核实户口，削弱豪强的地方武装，打击豪强地主势力。同时网罗知识分子，注意选拔官员，加强监察制度，对官员加强考察，防止出现以权谋私的现象。光武帝吸取西汉王朝的教训，重赏开国功臣，又剥夺了他们的兵权。分封诸侯国时，不许诸侯有政权军权。严令外戚后党不得干涉朝政。

这一道道命令，显然让豪强势力难以接受，于是他们对政策的实行设置了不少障碍。光武帝为了克服阻力，下令将被查出问题的河南郡守张伋等十余人处死，表示要彻底调查瞒报土地的事情。光武帝的高压引起了各地豪强势力的反抗。青、徐、幽、冀四个州郡，出现了很多盗贼扰乱社会，这些盗贼的背后都有豪强势力的支持。光武帝严厉镇压盗贼，把参与动乱的豪强大族迁到其他地方，切断他们与原来所在郡的联系。

光武帝连续下达了六道诏命，实行轻徭薄赋的政策，取消了收税十分之一的规定，统一改为"三十税一"，即收税三十分之一。他下令释放了大批因战乱或饥荒而卖身的奴婢，恢复各地众多奴婢的人身自由。这些奴婢，原先大多是失去了土地的农民。这样一来，战乱之后大量荒芜的土地就有了耕种的劳动力，而失去了土地的人，则拥有了土地。人们有了生存条件，社会才能安定下来。此外，光武帝还规定，凡虐待、杀伤奴婢的人，都要依法处置。

西汉末年，一些官员名士眷恋功名利禄，投靠了王莽，为后世人所不齿。光武帝为了彰显忠义，对那些在新莽时期隐居不仕的贤士，大加表彰，并且加以重用。

光武帝决定精兵简政，合并郡县，减少官吏人数，减少官府经费的支出，从而在一定程度上减轻了民众的负担。

盛世成就

在政治方面，光武帝遵循"无为而治"的方针，选用良吏，减省刑罚，大量裁减军队，精简政府，着力遏制豪强势力，并通过安抚民众、释放奴婢的方法，稳定了政局，增加了社会劳动力，使社会各种矛盾趋于缓和，为经济的发展创造了一个良好的政治环境。

在军事与外交方面，光武帝为了使中原地区尽快恢复生产，促进经济发展，严令不能轻易开启战端，同时与周边少数民族采取友好的政策。和平稳定的外部环境，使东汉的商业和对外贸易迅速繁荣，东汉商人的足迹，遍及西域各国。

光武帝时期在经济方面，也推行了一系列行之有效的改革措

施，全国重新统一使用五铢钱，市场繁荣，效果显著，其中一个突出的效果就是人口激增。光武帝后期，全国人口达到了两千多万，比战乱时期增长了一倍多。

　　光武帝重视文化事业，在洛阳兴建太学，设立五经博士，恢复西汉时期的十四博士之学,他还常到太学巡视并和学生交谈。在他的提倡下,许多郡县都兴办学校,民间也出现很多私学。他下旨收集图书,几十年间收集到的图书规模和数量都超过了西汉,从而奠定了东汉国家藏书的基础。

  光武帝也很勤勉,堪称历代帝王的楷模。他通常很早就上朝处理朝政,遇到重大决策时,经常和大臣们商议到很晚。光武帝维护了国家统一,促进了社会经济的发展,为东汉前期强盛的"明章之治"时代奠定了物质和文化基础。后代人把他与汉高祖、汉武帝并列,称为"光武中兴"。

知识拓展：

①绿林军

新朝后期，公元17年，湖北遭遇严重的饥荒，爆发了起义。王匡、王凤在乡人中一向有威望，被推为首领。因为他们隐蔽在绿林山中（今湖北京山县大洪山一带），被称作"绿林军"，几个月内由数百人增加到八千余人，两年多发展到五万人。绿林军不断壮大，主要由四支作战部队组成：王常率领的下江兵；王匡率领的新市兵；陈牧率领的平林兵；刘縯、刘秀兄弟率领的舂陵军。公元23年，拥立刘氏宗室刘玄为更始帝。公元23年3月在昆阳大战中歼灭了王莽军主力，10月攻入长安，王莽政权覆灭。

②赤眉军

公元18年，琅琊人樊崇在山东莒县起义，最初只有百余人，以泰山沂蒙山一带为根据地，与新军对抗，几年之间发展为一支强大的武装力量。为了和官军区分开，他们将眉毛涂成红色，因此被称为"赤眉军"。赤眉军与王莽军多次激战，屡建奇功。公元23年秋，兵力达30万人的赤眉军进驻洛阳，与更始帝发生矛盾，立15岁的放牛娃刘盆子为帝，攻入长安。后被刘秀军镇压。

第五章　明章之治

王朝档案：明章之治

【朝代】：东汉
【帝王】：汉明帝刘庄、汉章帝刘炟
【民族】：汉族
【盛世成就】：大体延续了光武帝的执政方针，他们两位在位期间，是东汉政权的鼎盛时期。

光武帝去世后，汉明帝刘庄在公元57年即位，公元75年去世，在位18年。随后的汉章帝刘炟做了13年皇帝，在公元88年去世。他们都采取了相对宽松和利民的政策，使得东汉的生产力迅速复苏，经济发展，社会稳定。历史上把这段时期称为"明章之治"。

汉明帝

任人唯才不唯亲

西汉终结在王莽的手里，后来经过光武帝的努力，刘家人重新夺回了天下。但这个教训是深刻的，从光武帝到汉明帝，他

汉明帝刘庄

们对皇亲国戚、朝廷功臣，都保持着高度的警惕。

汉明帝在位时，他的舅舅们都没有担任重要的职务。当时有一个大臣阎章，很有学问，能力出众，两个孙女都被选为嫔妃。汉明帝因为这层关系，一直没有重用阎章，只让阎章担任步兵校尉。

汉明帝的姐姐馆陶公主，有一天向他求情，想要为她的儿子谋取一个郎官的官职。汉明帝没有同意，只是赏赐给外甥一大笔钱，当时很多大臣都不理解。汉明帝解释说："担任这个官职的人，要担负很大的责任。如果用人不当，就会损害百姓的利益。我的外甥能力不够，所以我宁愿赐给他很多钱，也不想看到他承担这样的重任。"大臣们听了，都很佩服汉明帝的用人之道，同时也给自己敲敲警钟。

为了让官吏们都能发挥作用，上不辜负朝廷，下对得起百姓，对那些犯了错误的官吏，汉明帝的处罚都非常严厉。有个官员在登记西域属国贡献的贡品时，将数字写错了。汉明帝发现失误后，就把这个官员叫来，亲自用棍子责打他。直到其他官员纷纷前来求情，汉明帝才肯罢手。

对宗室外戚和豪强大族，汉明帝更是不留情面。汉明帝知道，这些人一旦犯罪，就可能会危及政权，带来动乱，他绝对不允许这样的事情发生。汉明帝的弟弟刘荆、刘英，因为想阴谋叛乱，都在事败后自杀。驸马窦穆、阴丰等人，也因为贿赂和杀人等罪，被关进了大牢，依法处死。

汉明帝通过这些举措，有效地打击了贪官污吏，惩治腐败，提高了官员的工作效率。

王景治理黄河

为了尽快恢复生产，汉明帝下令各地修建渠道，避免洪涝，恢复灌溉，提高农作物的产量。王景是东汉时期著名的水利工程专家，汉明帝请王景负责疏通浚仪渠。黄河水东流经浚仪县（今河南开封）境内的一段，称为浚仪渠。由于这一河段泥沙的淤积，致使河水泛滥，殃及百姓。王景凭借其丰富的治水经验，使用堰流法[①]解决了水患。

浚仪渠的问题解决了，可汴渠因向东面扩张，使河身变得越来越宽广，原来在岸边的标志都被淹没在河水中了。河水淹没了良田和房屋，极大地影响了两岸百姓的生活。老百姓抱怨地说：

"官府每年都征税拉夫，好像有处理不完的事，可偏偏就是想不到我们，不替我们解决最要紧的事情。"

公元69年，汉明帝召集大臣，商议怎么治理汴渠。有大臣又向汉明帝推举了王景。汉明帝向王景详细询问了治理汴渠的思路。听了王景极富见解的陈述后，汉明帝赐给了王景《山海经》《河渠书》《禹贡图》和钱币物资，命他负责治理汴渠。

汉明帝征调了几十万军队治河。从荥阳（今位于河南省）一直修到入海口千乘（今位于山东省），修筑的渠道和河堤有一千多里长。王景沿途测量地形，带领众人清淤筑堤。每隔十里，他就指挥修造一座水闸，控制水流，不仅不让河水满溢洪涝，还能够灌溉周边的农田。

第二年夏天，水渠终于建成了。由于筑渠的成功，此后800多年间，黄河都没有发生重大的改道，决堤溢水次数也大为减少。水患的治理，使两岸的土地得到进一步的开垦，当地百姓的生活也随之有了很大的改善。成功治理水患，王景功不可没。

小链接：

汴渠

汴渠是连接黄河和淮河的运河。它从河南荥阳的板渚出发，一直连接到江苏盱眙，进入淮河，全长650公里。在汉代和南北朝时，汴渠都是重要的运输干道。

今河南开封境内的汴渠　李俊生/摄

征伐北匈奴

在光武帝统治时期，匈奴分为南北两部分。南匈奴归附东汉，光武帝不仅册封南匈奴的单于，还恢复了同匈奴的和亲政策。而北匈奴也向东汉派出使臣，要求和亲。光武帝和大臣们商量，一时左右为难。

当时汉明帝还是太子，大胆提出了自己的观点。他说："北匈奴为什么要提出同汉朝和亲呢？是因为南匈奴跟我们和亲了，害怕我们和南匈奴联合，一起攻打他们。如果我们不仅不攻击北匈奴，还同他们和亲，那么北匈奴就达到了他们的目的了，而南匈奴却会对我们心生不满。"光武帝大为赞赏，于是回绝了北匈奴的和亲请求。

光武帝去世后，汉明帝延续了自己在外交上的灵活和远见，使汉族和少数民族的关系得到了改善。然而北匈奴却不停地骚扰汉朝的边境地区，俘虏人丁，抢夺粮食。因此汉明帝决定重新讨伐匈奴。

他命令窦固、耿忠两位大将，率领大军征服北匈奴。汉军深入到了天山地区，和呼衍王部族发生激战，杀了一千多名敌人。在初战告捷后，窦固又让班超出使西域，和西域各地重新建立联系。汉朝再次恢复了西域都护[2]，加强了和西域的经济文化交流。

小链接：

投笔从戎

班超的父亲班彪，是当时著名的史官。班超的哥哥班固，妹妹班昭，都是著名的史学家。班超从小很有志向，认真读书，希望将来能够建功立业。公元62年，班固到朝廷做官，班超和母亲也来到了洛阳。因为家贫，班超常给官府抄写文书来贴补家用。有一次他突然放下笔，感慨地说："大丈夫应该像傅介子、张骞那样，在异域取得功劳，被朝廷封侯赏赐，怎么能一直抄写公文呢？"其他人听到了，都嘲笑他不知天高地厚。班超说："算了吧，他们怎么能知道大丈夫的志向呢！"后来，班超投到大将军窦固门下，作战勇敢，多次获胜。他率领军队一直攻打到伊吾（今新疆哈密）。匈奴军大败，班超受到汉明帝重用，出使西域。

金人入梦造白马

有一次，汉明帝做了一个奇怪的梦。他梦见一个高大的金人，头顶上放射着吉祥的光芒，降临到宫殿的中央。汉明帝正要开口询问，那个金人很快腾空飞起，一直向西方飞去。

梦醒后，汉明帝感到困惑，不知道这个梦是凶兆还是吉兆。于是第二天上早朝时，汉明帝向大臣们详述梦中所见，很多人也是一头雾水。

白马寺今貌

　　太史傅毅很博学，他说那个金人可能是西方的佛。皇帝梦到佛，当然是吉兆了。汉明帝也听说过佛，于是派使者前往天竺（今印度）。公元67年，汉使迎回了两位高僧：迦叶摩腾、竺法兰，他们用一匹白马驮载着佛经、佛像，历经千辛万苦，来到洛阳，汉明帝率领大臣们，亲自出城迎接。公元68年，汉明帝下令在洛阳城西的雍门外修建寺院。后来，为铭记白马驮经之功，汉明帝把寺院起名为白马寺。

　　白马寺建成后，迦叶摩腾、竺法兰二位高僧就在白马寺翻译佛典，向众人讲经说法。佛教得以在中国广为传播，日趋兴盛。

小链接：
白马寺

　　白马寺位于洛阳城东，占地面积约3.4万平方米，规模宏大，从汉代建寺近二千年来，多次经战乱毁损，又多次重建修缮。目前有汉代遗迹清凉台，传说为汉明帝少年时读书处，后为印度高僧下榻处。齐云塔原为木塔，初建于公元69年，1175年金代重建为砖塔。有宋代雕刻的白马石像。寺内大佛殿、大雄殿、接引殿为明、清时重建。寺内有汉代、宋代、元代、明代、清代的石刻、石碑多处。20世纪70年代以来又历经多次修缮。1992年，泰国友人捐建了泰国风格佛殿。2010年，印度政府捐建了印度风格佛殿。

汉章帝

　　汉章帝刘炟在位期间，非常重视农业生产，认为"好的统治者，应该以粮食为基本出发点"。章帝亲自耕田播种，以鼓励人民投入垦荒生产。同时减轻赋税，为农民减轻了负担，也促进了农业和社会经济的发展。在内政方面，他不像汉明帝那样严厉，而是实行"仁政""宽政"，取消了多条残酷的刑律。

汉章帝刘炟

白虎观会议

为了巩固自己的统治地位，汉章帝效仿西汉的汉武帝，强化了儒家思想的统治地位。汉武帝采纳董仲舒的建议，罢黜百家，独尊儒术，专门设立了五经博士。自此以后，攻读儒经成了博士们的首选。儒家学说得到统治者的大力倡导，得到了广泛的传播。

公元56年，光武帝进一步把儒家经义与谶纬[3]图书等迷信传播物相结合，让儒学成为了东汉的国学。使得孔子的教条与神怪的启示融合在一起，把儒家的五经[4]（《诗经》《书经》《周易》《礼记》《春秋》）变成了天书，把孔子变成了神人。

在公元79年，汉章帝召集全国各地的著名儒生，齐聚洛阳城里的白虎观，讨论五经异同。这就是历史上有名的白虎观会议。

汉章帝亲自主持了这次会议，魏应、淳于恭、贾逵、班固[5]、杨终等学者都应邀参加。会议连续举行了一个多月，成功地将五经中繁琐的章句进行了删减瘦身，使得五经成为更容易被人们遵行的准则。最后，班固将讨论结果纂辑成四卷《白虎通德论》，又称《白虎通义》，通告天下。

白虎观会议肯定了"三纲六纪"，三纲是君为臣纲、父为子纲、夫为妻纲。六纪是诸父、兄弟、族人、诸舅、师长、朋友，讲人与人的关系。并将"君为臣纲"列为三纲之首，使封建纲常伦理系统化、绝对化，成为封建统治的思想武器。

班超出使西域

汉明帝派遣班超出使西域，使汉朝在西域恢复了都护府。

汉章帝即位之后，西域很不稳定，焉耆、龟兹、车师等城邦，联合北匈奴，想要赶走汉军。焉耆与龟兹结盟，杀死了西域都护陈睦；北匈奴将关宠围困在柳中城；车师国与北匈奴结盟，合围耿恭。关宠命人向汉章帝求救，汉章帝决定增派兵力，让段彭、王蒙、皇甫援三位将军，率领驻扎在张掖、酒泉、敦煌三郡的7000人，前往救援耿恭。段彭攻打车师，占领了交河城，北匈奴知道后只好逃走了，车师无法对抗东汉，再次请求投降。

这样一来，西域各国重新归附东汉政权，紧张的关系得到了缓解。

东汉为了维护西域的稳定，投入大量的人力和物力，造成了中央财政的吃紧。汉章帝犹豫再三，最终还是决定放弃西域，让驻留在西域的汉人撤回。

这时驻守在疏勒国的班超，也接到了撤退的命令，于是他收拾行李，准备返回皇都。听说班超要回国，疏勒国人民都惊恐起来，他们担心班超一走，匈奴又会来奴役疏勒。就连疏勒都尉也在说："一旦汉朝使节离开我们，匈奴一定会攻打我们。我不想死在匈奴人手里，不如今日自杀，我的魂魄也可以一路护送汉使回国。"

班超经过于阗国的时候，迎接他的人们把他拦在了路上，恳求他留下来。西域人民的真情触动着班超，其实他也不想看到西域各国民众再生活于匈奴人的铁蹄之下，于是就答应留下来，同时向汉章帝上了奏折，恳请汉章帝准许他留屯西域。章帝与重臣们商议后，同意了班超的请求。

班超在西域执政多年，依靠团结西域诸国，维护了国家的主权。因为畏惧班超，北匈奴始终不能控制西域各国。公元81年，班超拟定了降服龟兹，"断匈奴右臂"的战略计划，得到了汉章帝的支持。随后汉章帝调集了一千多士兵，驰援班超，协助他完成了计划。公元83年，班超又力促东汉与乌孙结盟，由于乌孙的支持，使班超在西域的威望大大提高。西域诸国都愿意受班超的控制，这样就为以后再次打通西域，铺平了道路。

盛世成就

汉明帝、章帝没有辜负光武帝的期望，即位后政治比较清明，采用"仁政""宽政"，进一步拓展了光武帝的中兴大业。

在执政方面，延续了与民休养生息的开明政策。注意听从官员的意见，被誉为有"纳谏之风"。法令分明，对不法官吏予以严惩，因而出现了一批良吏。他们生活俭朴，反对腐化奢侈，坚持后妃外戚不许参政的规定。

在发展经济方面，采取了减轻赋税，鼓励农桑的政策。把荒地、山林租借给贫苦农民，借贷种子、农具，三五年内不收租税，使得许多无地农民得到安置。鼓励兴修水利，治理黄河水患，在中原各地大力修建灌溉设施，并发展到长江流域。

在广大农村，出现了田庄。田庄内种植麦、稻、豆、麻、蔬菜，饲养牛、马、羊、猪、鸡鸭，有果园，有鱼塘，有制酱、酿酒、酿醋、做鞋、制药的作坊，妇女养蚕、织布、缝衣，形成了自给自足的自然经济，农业、手工业发达繁荣。田庄内还有祠堂、学校、集市。田庄的主人是豪强地主，也是宗族的族长。劳动者有自耕农，有依附于豪强的"徒附"、佃客、奴婢，还有武装人员"部曲""藩卫"。田庄周围建有高大坚固的围墙和碉楼，形成"坞堡"。田庄经济规模很大，有的田地数万亩、人口数千。在全国各地，田庄比比皆是，据学者统计，田庄人口占全国一半左右，田庄经济也占了很大比重。

在外交方面，明帝、章帝注重民族团结，进一步加强了西域与中原的联系，平息了西南边疆的战乱，保持了边疆的安宁。

明帝、章帝提倡儒学，把儒学推向系统化、神学化，对此后中国历代王朝的政治法律制度、思想意识、伦理道德，都产生了很大的影响。章帝还是历史上一位有名的书法家，尤其善写草书，这就是后世流行的"章草体"。

明帝遣使去天竺拜求佛经、佛法，建立了中原第一个佛寺——白马寺，聘请天竺高僧在寺内译经、传教，译出了中国第一部汉文佛经《佛说四十二章经》，引进了佛教文化，促进了佛教在中国的传播。

据史书记载,明帝、章帝时期,每个官位上都有称职的官吏,国家人口增加,百姓安居乐业,生活富裕。国家呈现出一派繁荣昌盛的景象,让周边国家对东汉都很敬仰,东汉王朝达到顶峰。历史上把汉明帝和汉章帝统治时期合称为"明章之治"。

小链接:
不入虎穴,焉得虎子

班超和郭恂率领36名部下,来到鄯善国(今新疆罗布泊西南)。开始的时候,鄯善王对班超等人非常尊敬,后来却变得冷淡起来。班超说:"鄯善王现在冷淡我们,肯定是匈奴也派了使臣来。他现在犹疑不决,是因为不知道该归顺汉还是匈奴。"

班超制服了鄯善侍者,逼他们交代了匈奴使者的住地,然后召集部下,对他们说:"如果鄯善王被北匈奴说服了,我们就只有死路一条了。不入虎穴,焉得虎子。现在只有杀了匈奴使者,逼迫鄯善国和我们结盟。"

班超率领部下36人,趁夜黑风高,袭击了匈奴使团,全歼了匈奴派来的官员和军士一百多人。鄯善王非常害怕,只能归附了汉朝。

知识拓展：

①堰流法

即是在堤岸一侧设置侧向溢流堰，专门用来分泄洪水。

②西域都护

官员。汉代西域最高军政长官。

③谶纬

谶，方士、巫师把自然界的一些偶然现象作为天命的征兆，编造出来的隐语、预言。纬，方士假托孔子用诡秘的语言解释经义的著作。例如谶纬图书说："日食之后，必有亡国杀君""天生白雾，赤虹化为黄玉"。

④五经

五经指的是儒家学说的《诗经》《书经》《周易》《礼记》《春秋》。《诗经》是古代诗歌集，被誉为古代社会的人生百科全书；《书经》是夏商周时期的历史文献汇编；《周易》是周朝的卜筮之书；《礼记》记载了古代的礼仪、典章制度；《春秋》是东周春秋时期各诸侯国史书的总称，记述公元前722年至公元前479年共242年的历史。从汉代开始，五经成为儒家学说的经典，具有官方认可的权威地位。

⑤班固

班固是史学家班彪的儿子，与西汉的司马迁并称为"班马"。班固的主要著作是《汉书》和《白虎通义》。他也是一个文学家，著有《两都赋》等著名汉赋作品。

第六章　开皇之治

王朝档案：开皇之治

【朝代】：隋朝
【帝王】：隋文帝杨坚
【民族】：汉族
【盛世成就】：结束了四百多年严重的分裂和战乱，统一了中国，开创了隋朝的鼎盛期，社会稳定，经济繁荣，人口增多，从此中国在大多数的世纪里都保持着政治统一。

隋文帝杨坚建立隋朝之后，在位24年，不仅让中国从分裂走向统一，还创立了中央政府的三省六部制，选拔官员的科举制，被此后的各朝各代一直沿用。隋文帝本人倡导节俭，减免税收，进行全国人口普查，改革了币制，鼓励对外贸易，有力地促进了农业生产。在他统治期间，隋朝经济快速发展，天下安定繁荣，人民安居乐业，被誉为"开皇之治"，中国迎来了一个新的盛世。

隋文帝杨坚

统一的步伐

公元577年，北周灭掉北齐，统一了北方。公元579年，北周宣帝宇文赟突然得重病死亡，而继承皇位的是年仅7岁的宇文阐。宇文阐登基，被称为北周静帝。由于宇文阐年纪很小，因此国家迫切需要一位稳重能干的大臣辅佐他。

隋国公杨坚地位显赫，统率大军多年征战，又曾任地方和中央高级官员，有丰富的从政经验，在朝廷内外有强大的势力。杨坚的女儿杨丽华是北周宣帝的皇后，北周静帝时位居皇太后。在太后杨丽华的支持下，杨坚被封为丞相，开始掌握了北周王朝的核心权力。杨太后认为自己的父亲杨坚，会成为王朝的坚固柱石，可没料到杨坚的野心更大，他想谋朝篡位。

当上大丞相以后，杨坚抓紧施行篡夺北周政权的计划。他先是假传圣旨，让各位亲王赵王昭、陈王纯、越王盛、代王达、滕王逌来到长安，然后杀死了他们。尉迟迥是北周文帝的外甥，身为柱国大将军，他看出了杨坚的野心，于是起兵反对杨坚，但因实力不济，兵败后自杀了。

这一战，杨坚为自己的登基扫清了障碍。公元581年3月3日，9岁的小皇帝北周静帝将帝位禅让给了杨坚，北周灭亡。杨坚定国号为隋，成为隋文帝，强大的隋朝诞生了。隋文帝接下来的任务是要结束南北朝的分裂对立，统一全国。

隋文帝杨坚面对两个敌对政权：一个是北方的西梁，一个是江南的陈朝。西梁一直是隋朝的附庸国。经过周密谋划，公元587年，隋文帝将西梁皇帝萧琮废黜，囚禁在长安，西梁灭亡了。

第二年，杨坚为攻打陈朝做了积极准备。他发出诏书，列举了陈后主昏庸腐败的的罪恶，要征讨江南，"永清吴越"。这份诏书抄写了三十万份，广泛散发到江南的城镇、乡村，大做攻心战。他还发出盖有皇帝大印的玺书，历数陈后主荒淫无耻的二十大罪状。同时，任命杨广、杨俊、杨素为元帅，高颎、王韶为大将，悄悄调集了50万大军，做好了随时可以向陈朝发动全面进攻的准备。

陈后主陈叔宝盲目自信，以为凭借"长江天堑"，就可以抵挡隋军的进攻。但隋军势如破竹，粉碎了陈朝军队的抵抗。公元

589年，隋军攻入建康（今江苏南京）。陈后主见大势已去，惊慌失措，拉着两个宠妃跳进殿后的一口枯井，最后被隋军发现活捉。陈朝灭亡了。

公元590年以后，陈朝境内爆发了多处反隋起义。在杨素的指挥下，起义被一一迅速击破。岭南地区抵抗最坚决的冼夫人，最后也率众归顺了隋朝。隋文帝终于统一了天下，结束了东汉末年以来四百多年的分裂局面。

平定北方强敌

在隋朝的北方，有一个强大的外敌——突厥。突厥沙钵略可汗说："突厥一直与北周友好，现在杨坚谋朝篡位，大逆不道。我如果不给杨坚一点教训，实在是对不起我的王后！"突厥发动了突然进攻。

为了全力防御突厥的侵扰，隋文帝只能暂缓攻打陈朝，在边界集中兵力，迎战突厥精锐的骑兵。当时隋朝的实力不如突厥，败多胜少。隋文帝严令边防战士收缩兵力，修筑长城，坚守防御。同时蓄积国力、军力，为反攻做好准备。

公元583年，突厥发生内乱，沙钵略、达头、阿波等可汗之间的矛盾日益尖锐。为了获得隋朝的支持，他们都派出使者，请求和隋朝结盟。隋朝将领长孙晟向隋文帝献计说："突厥稳定，对隋朝不利；突厥纷争，对隋朝有利。不如让他们互相争斗，我们好收渔人之利。"隋文帝采纳了长孙晟的建议，对突厥各派势力秘密支持，让他们继续内斗。

为了加快突厥内部的分裂，隋文帝还派兵攻打实力较强的沙钵略，削弱沙钵略的实力。此消彼长，阿波的实力得到了快速增长，并控制了龟兹、铁勒、伊吾等西域大部分国家，称为西突厥。突厥分裂为东突厥和西突厥。

公元585年，隋文帝和阿波的西突厥结盟，合力攻打沙钵略。沙钵略没有办法，只好投降隋朝。隋文帝利用突厥的内部矛盾，收降了沙钵略，随即派兵援助沙钵略，转而进攻曾经结盟的西突厥，并击败了阿波的军队。

公元603年，沙钵略的儿子突利可汗借助隋朝的势力，成为东突厥可汗。突利可汗完全依附于隋朝，在他统治期间，隋朝与突厥的边境，是稳定安宁的。

有效的统治

隋朝是在北周基础上建立的，北周与北齐连年的战争，使国内经济很是萧条。虽然隋文帝登上皇帝宝座的手段不太光彩，但是他的雄才伟略，特别是执政期间对国内政治、经济体制进行的一系列富有成效的改革，这是北齐、北周历任皇帝都无法比肩的。

北周统治时期，采用西周时期的《周官》，设立六官，这六官分别是天官冢宰、地官司徒、春官宗伯、夏官司马、秋官司寇、冬官司空。这种政权机构的弊端是，官员往往不明白自己的职责，互相争权、扯皮，造成办公效率的低下。

针对北周这种制度的弊端，隋文帝进行了重大改革。他在中央政权实行三省六部制①，中央可以直接任免地方官吏，从而使中央集权得到了巩固。三省六部制具有分工明确、组织严密的特点，有利于加强中央集权，保证国家机器的有效运转。隋朝之后，从唐朝到清朝，一直沿用这一制度。

除了改革中央机构，隋文帝还调整了地方机构，把地方州郡县三级政权变为州县两级。公元683年，地方官员杨尚希向隋文帝上书说："自从秦统一天下，推行郡县制，郡县的数量和面积不断变化。现在的郡县数量，是秦时的好多倍。这是因为方圆不到百里的地方，竟然设了几个县。官员数量大大增加，消耗了大量的财政。"杨尚希建议合并郡县，给臃肿的机构瘦身。裁减官员，不仅可以节省政府的财政开支，还会大大提高行政效率，减轻人民的负担。隋文帝觉得很有道理，马上进行改革，撤销了459个郡，改设86个州，裁减了大批官员。

不仅要裁减多余的官员，还要提高官员的素质。隋文帝下令，京官五品以上，地方重要职能部门的官员，一定要让德才兼备的人担任。为了选拔合格的人才，隋文帝命令各州每年都要向中央推选三个有才能的人。即使平民阶层的人，只要有能力，也能有机会得到提拔，而不会被埋没。隋文帝要求官员秉公执法，严禁官员贪污，完善了官员的俸禄制度。他把官员分为九品，最

小的九品官有分田1顷（100亩），八品官1.5顷，直到一品官5顷。

为了选拔人才，隋文帝初创了科举考试制度。在京城举行进士、秀才分科考试，考试成绩优秀，就会被授予官职。科举制度成为官员选拔的重要途径，后来不断完善，延续了一千四百多年。西方学者称赞说，这是世界历史上最为有效的文官制度。

为了更好地依法治国，隋文帝还下令修订律法。委派高颎等人参考历代的法律条文，制定了《开皇律》[②]。

经济的复苏

为了有效刺激经济的复苏，隋文帝大力推行均田制。公元582年，隋文帝在诏书中规定，政府官员拥有的田地，应该和他的官位等级一致。从亲王到都督，至多拥有良田百顷，最少也可领到四十亩。至于普通民众，普遍实行均田制，成年的男丁分给露田80亩，妇女分给露田40亩，死后交还国家。男丁还分给永业田20亩，必须种桑树50棵，榆树3棵，枣树5棵，死后不必交还。这样一来，土地得到了有效的利用，物产开始丰盛起来。

为了使粮食增产，隋文帝大力修建水利设施，兴建灌溉和通航的沟渠。在京城大兴城西北方向到潼关，开挖了广通渠，引进了渭水，保证了长安到潼关漕运通行无阻，还改善了渭南的灌溉。这道沟渠全长150多公里，被誉为"富民渠"。之后，隋文帝的儿子隋炀帝杨广开始修建大运河，南起余杭，在镇江穿越长江，连接开封洛阳，穿过黄河后直达涿州（今北京），全长4000余里，将黄河流域和长江流域连接起来。它不仅成为最重要的交通要道，沿途还灌溉了无数良田。大运河是世界上航程最长、最雄伟的一条运河，一千多年来，直到今天，还发挥着重要的作用。

小链接：
大兴城
隋朝在长安城的东南部建筑了一座新城，名字叫大兴城。公元582年年初动工，第二年3月竣工。大兴城为长方形，城市格局整齐划一。全城由宫城、皇城、外城三部分组成。外城面积约占全城总面积的88.8%。大兴城是当时世界上规模最大的城市，面积是长安城的2.4倍，是同时期拜占庭王国都城的7倍，是日后出现的巴格达城的6倍多。

均田制调动了农民的生产积极性，使粮食产量得到了很大的提高。为了更好地储存粮食，隋朝各地都修建了许多民间的义仓和官府的粮仓，其中著名的有兴洛、回洛、常平、黎阳、广通、含嘉等大粮仓，每个粮仓都存储了百万石以上的粮食，由此也说明了隋朝开皇年间的富足。

　　隋文帝下令在全国普查人口时，竟然发现了164.15万没有登记户口的"黑人"，其中成年男子就有44.3万人。之所以出现这么多的遗漏，是因为地方豪强和管事官吏相互勾结，在中间做手脚瞒报户口。这次人口普查，使隋朝政府掌握了实际的人口数据，以便合理地安排土地与劳动力，促进了经济发展。生产能力的提高和税收的增加，大大充实了国家的财政收入。

经济的繁荣与发展，使货币流通的问题凸显出来。北周时，市面上流通的是古币以及私人铸造的钱币，比较混乱。为了治理货币混乱的局面，隋文帝下令统一币制，以五铢钱为唯一流通的货币，只许官府铸造，严厉禁止私人盗铸。整顿币制极大的方便了货币流通，平抑了物价，促进了商业的大发展。隋朝的商业贸易由此出现繁荣景象。

经济的发展，使长安和洛阳两座城市成为隋朝重要的政治、商业中心。例如东都洛阳城内有丰都、大同和通远三个商业市场，城外还分布着400多个店铺，是当时世界上最大的商业城市之一。

隋朝还大力提倡对外贸易。通过陆路，与亚洲的西部北部地区和欧洲的东部国家和地区进行商品交易；通过海路，则与南洋诸国和日本展开贸易往来。

小链接：
含嘉仓

1969年，考古学家在洛阳发现了含嘉仓遗址。含嘉仓总面积为43万平方米，共有圆形仓窖400余个。唐玄宗天宝八年（公元749年），全国主要大型粮仓储粮总数为1266万石，含嘉仓储粮583万石，占近二分之一，是当时规模最大的一座粮仓，被称为"天下第一粮仓"。

小链接：
五铢钱

汉武帝于公元前118年发行五铢钱，统一了全国的货币。五铢钱为圆形方孔铜质铸币，直径25毫米，钱正面方孔两侧分别为"五""铢"字，圆周及方孔边均有凸起轮廓。五铢钱通行了739年。在通行中，曾出现不同形制、不同名目的五铢钱。隋文帝在公元581年下令铸造统一的开皇五铢，早期重3克以上，大部分重量集中在2.7克—2.8克左右，制作精整，书法笔画较细且美观，钱色发白，又叫"白钱"，是历代发行五铢钱中的精品。

隋五铢钱

节俭的君王

隋文帝是一位非常节俭的皇帝。杨坚是在寺庙中长大的,习惯了素衣素食的节俭生活,后来他成为皇帝后,依然保持了朴素的生活作风。在饮食上,他每餐不会吃超过两样肉类;在穿衣打扮上,他从来不佩戴金玉饰品。在他的影响下,从独孤皇后到民间,从朝中大臣到地方百姓,都养成了节俭的美德。

公元594年,关中地区发生旱灾,土地绝收,老百姓忍饥挨饿。隋文帝派大臣前往灾区,视察受灾情况,大臣在报告中说,当地老百姓吃的是豆屑杂糠。为了体验民间疾苦,隋文帝亲自带着大臣们分食豆屑杂糠。豆屑杂糠毫无味道,很难下咽,隋文帝边吃边流泪,严厉地自我责备,并在接下来的一年里不吃酒肉。

突厥和隋朝关系修好之后,双方的贸易开始发达起来。突厥商人在长安售卖一批明珠,浑圆饱满,色泽润和,要价八百万钱。这样珍贵的宝物,只有独孤皇后才配使用,有人就劝独孤皇后购买。独孤皇后说:"明珠是很漂亮,但不是我需要的。现在前方还有战事,将士们都很疲惫艰苦,有这八百万钱,还不如分赏给那些为国家建功立业的人。"

隋文帝即位之后,长子杨勇就被立为太子。隋文帝有意让杨勇参与处理国家大事,杨勇的一些表现也获得了隋文帝的赞扬。例如太子看到朝廷内外的一些弊端和问题,都会及时地指出来。

但太子毕竟年轻,不免有犯错误的时候。有一次,隋文帝召集诸位皇子开会。杨勇认为这次会议很重要,为了显示自己的太子身份,就在穿衣打扮上隆重了一点。隋文帝看后很不高兴,当着其他皇子的面，把太子狠狠地教训了一通。文帝说："自古以来，喜爱奢侈的帝王就很难将自己的统治维持下去。你身为太子，更应该重视勤俭，不能疏忽。现在我要赐给你一把我用过的刀子，一捆我常吃的咸菜。希望你能够理解我的苦心，不要忘记祖宗传下来的节俭美德。"后来，太子的弟弟晋王杨广多次造谣生事，陷害太子，隋文帝和独孤皇后听信谗言，废了杨勇，改立杨广为太子。

在隋文帝的统治下，隋朝迎来了鼎盛时期。全国户口达到890万户，人口近5000万。粮食吃不完，货币用不尽。隋文帝看到国库充实，下令停收了一年的赋税，还利于民。隋朝的强盛，远超过去的许多朝代，当时国库中的粮食储备，可供全国人口食用几十年。

小链接：
独孤皇后

独孤皇后，原名独孤伽罗（544年—602年），父亲独孤信，是北朝关陇军事集团重要成员，八柱国之一。14岁的时候，独孤伽罗嫁给杨坚，在杨坚创立隋朝的过程中，她发挥了重要的作用。独孤与名将高颎从小认识，深知高颎的才能，将他大力推荐给自己的丈夫。独孤皇后曾多次参与重大政治决策和军事行动，果敢善断，隋文帝对她言听计从，被人们称为"二圣"。隋文帝和独孤皇后共生有五子五女，但是她为人刻薄狭隘，嫉妒心极强。独孤皇后去世后，隋文帝亲自送葬，建造寺庙供奉她。

盛世成就

有人认为,中国历朝历代中,隋文帝是才智最高的皇帝,也是最为仁慈的圣皇天子。

隋文帝开创了中国皇朝社会政治体制的新局面,在中央和地方的政治体制、赋税、土地制度、法律、钱币以及对外关系等方面,都进行了一系列的改革,创立并发展了很多意义深远的制度。影响最深远的是,他把地方州、郡、县三级减为州、县两

级，首创了三省六部制度。还创立了对中国历史影响深远的科举制度。

在外交方面，隋文帝平定了突厥，维护了北方的边界和平。同时兴修长城，以加强防御。灭亡了江南的陈，巩固了南方边疆，统一了全中国。

在经济方面，隋文帝推行输籍法和均田制，废除古币和私人铸造的钱币，统一铸造使用五铢钱，通过一系列的措施，促进了经济的迅速发展。长安和洛阳不仅是当时的政治中心，也是重要的经贸城市。大兴城是当时的"世界第一城"，不仅是中国古代城市建设高水平的标志，也是国家经济实力和科技水平的综合体现。洛阳有丰都、大同和通远三市，是当时世界上最大的商业城市之一。隋朝造船水平很高，对外贸易发达，陆路可达亚洲的西部、北部和欧洲的东部，海路可达日本和东南亚各个国家。

隋文帝重视水利建设，兴建了许多灌溉渠道和通航的运河，为大运河的修建打下了基础。

隋文帝结束了中国四百多年的分裂局面，开创了一个政治稳固、社会安定、百姓富足、文化繁荣的盛世。文帝留给后代的财富很多，比如三省六部制、开皇律、州县两级政府制、均田制、科举制度、长安城、洛阳城，等等。

"开皇"是隋文帝在位时的年号，所以，他开创的时代史称"开皇之治"。

知识拓展：

①三省六部制

三省为内史省、门下省、尚书省。内史省负责提出政策草案，门下省负责这些草案的审议和通过，尚书省负责执行通过的定案。六部是在尚书省下面，分设了吏、度支、礼、兵、都官、工六个部门，都是具体行政事务的执行部门。吏部，负责全国官员的考核、任免、升迁；度支部（后改为户部），负责审查全国的土地、户籍，统计赋税和财政收支；礼部，负责祭祀、礼仪和外交；兵部，负责征兵、训练、战备等事；都官部（后改为刑部），负责国内的司法诉讼；工部，负责建筑和水利工程等。每个部门的负责官员统称为尚书。

②《开皇律》

隋文帝时期下令修订的律法。《开皇律》减去八十一条死罪，一百五十四条流放罪，千余条杖责罪等，删除了北齐北周法律条文的三分之二，特别是严酷的刑罚、繁琐的规定，只保留了五百条律令。在刑法中取消了宫刑（阉割）、车裂（五马分尸的酷刑）、枭首（砍下犯人的头，并将头悬挂在旗杆上示众）等；对于连坐株连，取消了灭族的处罚；建立了五刑制，将刑罚分为死刑、流放、徒刑、杖刑、笞刑五种。《开皇律》规定案件必须依照法律审案判决，死刑需经中央审核批准，不得滥施酷刑，允许逐级上诉，等等。《开皇律》结构完整，内容严密，是中国古代法制史重要的里程碑，对后世、以及东亚各国，都有很大影响。

第七章　贞观之治

王朝档案：贞观之治

【朝代】：唐朝
【帝王】：唐太宗李世民
【民族】：汉族
【盛世成就】：开创了唐朝第一个治世，使唐朝在政治、经济、军事、文化上都走了在世界最前列。

唐太宗李世民登基后，通过苦心经营，延续了隋代的多种制度，如三省六部制、府兵制、均田制、租庸调制、科举制等，使社会平稳发展，经济迅速复苏。唐太宗在位23年，不仅消除了北方东突厥的威胁，进一步扩大了唐朝对西域的控制，还让唐文化影响到了全世界。当时的日本、朝鲜、阿拉伯帝国和欧洲的国家，都很仰慕唐朝，称当时的中国人为"唐人"，这个称呼一直延续到今天。

唐太宗李世民

玄武门兵变

公元617年,李渊在二儿子李世民的鼓动下,在太原起兵反隋,很快就占领隋朝的都城大兴城(唐朝建立以后改名长安城)。在推翻隋朝的过程中,李世民立了很多战功。李渊曾对李世民说:"如果我们取得成功,这个天下就是你夺取的,我会立你为皇太子。"

公元618年，李渊建立唐朝，将长子李建成立为太子，封次子李世民为秦王，封四子李元吉为齐王。由于李世民的功劳大、名望高，手握相当多的军队，招致了皇太子李建成的嫉妒，他联合齐王李元吉，想方设法排挤、陷害李世民。

太子李建成和齐王李元吉勾结唐高祖李渊的嫔妃们，不断在唐高祖面前说李世民的坏话，要求唐高祖罢免或杀死秦王。但唐高祖没有答应。李建成、李元吉又煽风点火，让唐高祖罢免了李世民手下的段志玄、房玄龄和杜如晦，又策划暗杀李世民的大将尉迟恭。

公元626年，突厥突然向唐朝宣战。太子李建成想借机削弱李世民的兵权，再对李世民痛下杀手。

李世民得知了太子的阴谋，决定先下手为强。

6月4日，李世民在皇宫的北门玄武门埋下伏兵，等候李建成、李元吉上殿。李建成、李元吉入朝的时候，发现情况异常，拨马欲逃，李世民大声呼喊，心虚的李元吉慌忙开弓箭射李世民，由于他心慌意乱，连发三箭都没有射中。恼怒的李世民遂将李建成射死。李元吉想要逃跑，被尉迟恭杀死，太子和齐王的卫队随之溃散。这次流血政变，历史上称为"玄武门之变"。

李世民亲自到唐高祖面前谢罪，唐高祖没有办法，便改立李世民为太子。随后，李渊退位，李世民登基为帝，称为唐太宗。第二年将年号改为贞观。

小链接：

晋阳起义

公元615年，为了镇压山西境内的农民起义，以及防备突厥的侵扰，隋炀帝杨广将李渊调到山西，担任太原留守。当时隋朝的统治已经摇摇欲坠，李渊手下的官员裴寂、刘文静，还有他的次子李世民，都一再劝说李渊起义。公元617年，李渊在李世民等多方劝说下，反复分析形势后，觉得时机成熟，诛杀了隋炀帝派来监视李渊的王威、高君雅，李渊自命为大将军，让刘文静出使突厥，完成了与突厥的结盟，任命长子李建成、次子李世民为左右大都督，让四子李元吉驻守晋阳（今山西太原）。李渊在晋阳正式起兵，讨伐隋朝，女儿平阳公主起兵响应，很快就出兵夺取了西河郡，沿汾河南下，攻进了隋的国都长安。

知人善任

唐太宗做了皇帝后，常常以隋炀帝的例子为戒，反思自己的政策得失。他认为人民和君主的关系，是水与舟的关系，水能载舟，亦能覆舟。为了避免舟翻人沉的悲剧，他积极选拔有才能的人才来辅佐自己。

在唐太宗的左膀右臂中，最著名的要算魏征了。魏征在隋末大起义时，先后投靠了李密、窦建德，都没有受到重用。李密、窦建德失败后，魏征归顺了唐朝。太子李建成欣赏他的才能，推荐他做了太子洗马。魏征对太子非常忠心，很早就劝太子除掉秦王李世民。玄武门之变后，李世民并没有追究魏征的责任，反而认为魏征是难得的人才，对他加以重用。

魏征是中国史上最负盛名的谏臣，总共向唐太宗上书谏言二百余条，大多数都被唐太宗接纳。魏征经常毫不留情地指出唐太宗施政的失误、弊病，让唐太宗很不高兴，他背地里称魏征是"乡巴佬"。有一次唐太宗甚至动了杀机，幸亏长孙皇后帮魏征求情："皇帝英明，大臣才会正直。现在魏征敢说真话，是因为陛下英明。"唐太宗这才转怒为喜，更加重用魏征了。

有一天，西域向唐太宗进献了一只鹞子。唐太宗非常高兴，于是逗鹞子玩。正在这个时候，魏征有事面见唐太宗。唐太宗不敢让魏征看到，就把鹞子藏在了怀里。其实魏征早就知道了，他在汇报时，有意拖延了很长时间。等到魏征离开，鹞子已经被憋死了。

魏征上书的《谏太宗十思疏》和《十渐不克终疏》，对当时和后世都有重要影响。魏征死后，唐太宗非常伤心，他深知魏征的能力，对魏征给予自己的帮助也非常清楚。唐太宗一直将正直的魏征当作自己的镜子，他说："如果以青铜为镜，可以端正自己的穿着；以历史为镜，可以知道兴盛和灭亡的规律；以他人为镜，可以觉察自己什么地方做对了、什么地方做错了。魏征死了，我痛失一面能照出我行为得失的镜子啊！"

古代中国王朝盛世 97

唐太宗还积极培养人才。他手下人才济济，谋士、武将如云，其中比较知名的有房玄龄、杜如晦、长孙无忌、李靖等人。

李靖是唐朝的开国功臣，李渊起义的时候，李靖就是主要的将领。在随后的南征北战中，李靖更是建立了很多功业。李靖担心自己功劳太高，会触怒唐太宗，就申请退休，回家养老。唐太宗答应了李靖的请求，称他不留恋功名，是"一代师表"。

唐太宗利用贤能的大臣，进一步完善了隋朝以来的三省六部制。太宗很善于用人，把这些贤臣安排在合适的职位上，发挥他们的优势，更好地辅佐自己。正因为制度的完善，人才济济，再加上太宗的知人善任，才会使当时的唐朝在政治、经济、文化、外交等方面，都取得了巨大的成就。

小链接：

房谋杜断

唐太宗手下有两个很能干的大臣。一个叫房玄龄，善于提出精辟的见解和解决方案。一个叫杜如晦，善于对方案进行周密的分析，让它们变得具有操作性。唐太宗很重用二人，房玄龄和杜如晦互相协作，乃是取长补短、珠联璧合，让政府机构的运作更有效率了。

房、杜二人各具专长，一个善于出计谋，一个善于作决断，成为完美搭档，史上称之为"房谋杜断"。

求贤若渴

公元627年,唐太宗开始大规模对官员进行绩效考察。他力推简政,撤减官吏,把很多不称职的官员和没有作用的机构都剔除了。精简后的中央政府所配置的文武官员,加起来只有640人。此举提高了各部门的工作效率,大大节省了财政支出。

为了避免使用不合格的官吏,唐太宗十分注重人才的选拔和储备。唐太宗渴望得到贤才能人,标准是官吏不仅要有真才实学,还要有高尚的品德。唐太宗认为只有依靠这样的人,才能更好地治理天下。在统治期间,唐太宗先后五次颁布求贤令,鼓励各地向朝廷举荐人才。唐太宗亲自接见和考察他们,以确保能选用德才兼备的人。

除此之外,唐太宗还发展了隋朝的科举制度。唐太宗确定了"自由报名,统一考试,平等竞争,择优录取,公开透明"的原则,下令增加科举考试的内容,并扩大了应试的范围和人数,以便让更多的人才能够被发现。这样一来,让很多出身低微却有真才实学的读书人能够通过公平的考试被选拔,入朝为官,从而打破了血缘世袭关系和权贵对官职的垄断,为官府注入了生机与活力。参加科举考试的人,很多是乡间的读书人,他们了解民间疾苦,有理想抱负,成为官员之后,忠于朝廷,能更好地贯彻朝廷的政令,为百姓服务。

科举制度的推行,让读书人有机会出人头地,从而刺激了民间办学,对文化传播起到了推进作用,也促进了唐朝文化的繁荣。

小链接:

入吾彀中

参加科举考试的考生们,要先进行地方的考试,称为乡试,成绩优秀者称为举人。举人统一来到京城,参加新一轮考试,通过者称为进士。进士中成绩最好的三个人,第一名称为状元,第二名称为榜眼,第三名称为探花。有一次,唐太宗悄悄地去视察御史府(进士们接受培训的地方),看到许多新进士。唐太宗开心地说道:"天下英雄,应该都在我的掌握之中了吧!"唐太宗这种心态,是渴望召集天下的英才为自己效命,以使国家昌盛,造福百姓。

文化的高峰

唐朝能够取代隋朝,唐太宗能够成为皇帝,是经过了残酷的血战得来的。唐太宗曾经感慨道:"骑在马上打天下容易,骑在马上守天下很难。"唐太宗采纳了魏征的建议,大力发展文化教育。在即位第一年,唐太宗就下令在长安重修国子监。第二年,唐太宗又增修了学舍1200间,扩大了太学、国子监等机构的规模,让更多人能够在里面学习研讨。

公元627年，唐太宗在长安修建了史馆，不仅组织学者修订史书，还在全国范围内征集到图书典籍20余万卷。唐太宗还让褚遂良、虞世南等著名学者专门负责弘文馆和崇文馆，设立了缮写、整理、校勘、研究等部门。唐朝的藏书质量和数量远远超过前代，学术研究也非常活跃。

唐太宗还兴建了书学、算学、律学三科学校，培养了一批法律、运算方面的人才。由于国家的扶持，教育得到了更好的普及，读书人的数量也大为增长。学者们带着珍藏的典籍，聚集到长安，使长安成为了当时的政治文化中心。唐朝的文化影响传播到了周边的国家，日本、高丽（朝鲜半岛古国）等国纷纷派遣精英贵族来长安留学，进而加强了唐朝与周边国家的文化交流，也奠定了唐朝文化在当时的领导地位。

对于在科技方面有突出贡献的学者，唐太宗也会给予丰厚的奖励。李淳风是贞观时期杰出的天文学家。他制造了新型的浑天黄道铜仪，编制了更为精确严密的《麟德历》。他还对彗星进行了深入研究，指出彗尾背向太阳的规律，这一发现比西方早了900多年。唐太宗任命他为太史令，负责天文历法的研究编纂工作。李淳风在数学上也有特殊贡献，主要是整理、校订和注释了以《周髀算经》《九章算术》为代表的10部算经，其中《周髀算经》成书于公元前100年，其他书则成于汉、魏晋和唐初，它们代表了中国古代数学的光辉成就。李淳风修订、纠正了原书中的错误，使这些书更科学、更完善。

玄奘

102 发现中国
Discover China

贞观时期文化之所以能够蓬勃发展，形成中国历史上的一个高峰，唐太宗功不可没。太宗本人热衷文化，酷爱书法，擅长隶书。他很仰慕晋朝的大书法家王羲之，不仅珍藏了王羲之的《兰亭集序》，还亲自手书《晋书·王羲之传赞》，甚至将它列为自己的陪葬品之一。

> **小链接：**
> **玄奘西游**
> 　　在唐高祖时期，唐朝独尊道教，而唐太宗在宗教政策上放宽了许多。贞观初年，玄奘法师从长安出发西行取经，在途中历经千难万险，终于到了今天的印度、尼泊尔一带。玄奘在那里停留了十多年，广学佛法，最后载誉归国，带回来657部佛经以及佛像、花果种子。唐太宗修缮了大慈恩寺和翻经院，让玄奘及其弟子在那里翻译佛经74部1335卷，著书立说，传经布道，写下《大唐西域记》等著作。明朝出现了小说《西游记》，把西行取经写成了生动曲折的神话故事。

以民为本，发展经济

唐太宗充分借鉴隋朝末年的经验教训。他经常反思，隋朝为什么在经历了开皇之治后，迅速衰落而亡国，隋炀帝的施政纲领中，到底存在哪些必须要警惕和杜绝的弊端。唐太宗和大臣们经常围绕这些话题展开激烈的讨论。

唐太宗意识到，隋炀帝修建运河，轻率地发动战争，都是滥用民力的行为。百姓负担沉重，不能安居乐业，生活贫困，势必对统治者产生不满。因此，统治者一定要将百姓放在首位，只有多为百姓考虑，江山才能长久。

唐太宗初登帝位，就下令减免赋税，让民众能够休养生息。唐太宗患有关节炎，禁忌潮湿阴冷，但他却一直住在隋朝留下来的旧宫里，并没有为自己修建干燥暖和些的新皇宫，这是因为太宗不想增加百姓的负担。

为了提高物产，太宗鼓励农民重新回到田间精耕细作，让农业生产迅速复兴。为表示对农业的重视，唐太宗曾遣散宫女3000多人还乡务农。他还亲自耕作农田，起到了表率的作用。每次巡视地方的官员回朝后，唐太宗也总是先询问各地农作物的收成以及百姓的疾苦。

唐太宗统治期内，实行过一次全国性赋役减免的政策，12次地域性租调减免政策，这些减免措施刺激了经济的复苏和发展。

唐朝虽然沿用了隋朝的租庸调法，但是结合当时的情况，进行了调整，使之更加完善。该法规定了统一的赋税徭役制度，例如放宽了纳绢代役的年龄限制，减少了服役时间，从而保证劳动者有足够的生产时间，减轻了农民的负担。

唐朝初年一些官吏为了虚夸政绩，也向百姓强征重税，以致

古代中国王朝盛世 105

于官民之间的矛盾激化，增加了社会不稳定的因素。为了减少类似事件的发生，唐太宗特别下令，各地官府如果从百姓那里所征的税收超过了中央政府的规定数目，就属于违法，要追究相关人的责任。

唐太宗还鼓励商业发展，为其提供了许多便利的条件。在政府的扶持下，出现了许多新兴的商业城市。首都长安和陪都洛阳，都成为了当时世界经济的中心之一。当时全世界知名的商业城市中，有一半以上都在中国，它们是长安（今西安）、洛阳、交州（今越南北中部和中国广东、广西）、广州、明州（今宁波）、福州、泉州、洪州（今南昌）、扬州、江宁（今南京）、益州（今成都）、沙州（今敦煌）、凉州（今武威）等。

在唐太宗的治理下，唐朝的经济迅速发展。到了公元634年，民众丰衣足食，国库充实，唐朝的国家实力已经处于巅峰状态，奠定了以后一百多年唐朝经济繁荣的基础。

积极主动的外交政策

贞观时期，得益于国家实力的强盛，从而在对外关系上取得了主动权。唐玄宗虽然多次对外用兵，但处理民族关系和外交关系时，他更多地显示了宽厚的胸怀。太宗提倡尊重各民族的风俗习惯，广泛吸收他国的文化精髓。贞观时期，唐朝威名远播，唐

今美国旧金山唐人街

太宗被尊称为"天可汗"。

唐太宗先后平定东突厥、薛延陀、回纥、高昌、焉耆、龟兹、吐谷浑等邦国，设置了都护府制度，促进了唐朝与西域及北部地区各国的经济文化交流。

公元647年，回纥等族拥立唐太宗为"天可汗"，尊他为各族的最高首领。自此之后，西域各族的部落首领都要由唐朝册封，这形成了制度。

唐太宗还积极主动地以和亲的方式，协调与周边各民族的关系。公元641年，唐太宗将文成公主嫁给松赞干布，并派礼部尚书、江夏王李道宗（文成公主的亲生父亲）护送文成公主入藏。

同时送去了蚕种、农具,以及经史、诗文、医药等多种图书。随行的还有纺织、制陶、冶金、建筑等行业的能工巧匠。松赞干布亲自迎接,并以子婿的身份拜见了李道宗。吐蕃和唐朝结为甥舅关系后,进一步密切了双方的友好关系,加强了各方面的交流。

在唐太宗统治期间,汉族和少数民族间相处融洽、交流密切。"唐人"这个称呼开始形成,直到今天在世界各地,华人们聚集生活的地方,仍被称为"唐人街"。

公元649年7月,唐太宗病逝,年仅52岁。贞观之治延续了23年,对中国后来的历史有巨大的影响。

盛世成就

政治方面,唐太宗延续了隋代多种合理的政制,如三省六部制、科举制等,又进一步改进完善,对后世的影响极为深远。后世的很多皇帝都以唐太宗为榜样,学习他的执政风格。唐太宗的治理使社会安定,人民丰衣足食,经济发展迅速,成就了中兴局面,奠定了唐代274年的基业。

文化方面,唐太宗重视文化教育。文化和科技成就辉煌,吸引周边国家如高丽(朝鲜半岛古国)、日本等派留学生来唐朝学习。唐文化传播四方,深深影响了东亚各国,尤其是日本和高丽。

在中外交流方面,唐太宗把唐帝国发展为当时东亚地区国力最强、文化最盛的国家,很多国家尊太宗为"天可汗",向唐室进贡。唐太宗不以大族自居,采用积极的政策,与周边国家和睦相处。唐太宗还倡导民族融合,当时有不少外国人,成为了唐朝的名将和大臣。

在唐太宗君臣的齐心合力下,唐朝出现了一个政治清明、经济发达、社会安定、武功兴盛的盛世,与同时期的西方国家相比,唐朝无论在政治、经济还是文化上都走在世界的最前列。

"贞观之治"是唐朝的第一个盛世,直接影响了后来的"永徽之治",并为"开元之治"奠定了坚实的基础。"贞观之治"不但改变了隋朝末年衰败的局面,更创造了一个中国历史上的繁盛时期,其全面的成就,也为后人留下了一笔宝贵的财富。可以说,没有"贞观之治",就没有唐代的繁荣。唐太宗作为中国历史上最杰出的君王之一,他的作为和才华永远为后世所传颂。

唐太宗执政时期,伊斯兰教在阿拉伯半岛诞生,迅速形成了强大的阿拉伯帝国,位于欧、亚、非三大洲交界处有强盛的拜占庭帝国(又称东罗马帝国),印度北部有戒日王朝。他们都和唐朝多次互派友好使者。

110 发现中国
Discover China

第八章 永徽之治

王朝档案：永徽之治

【朝代】：唐朝
【帝王】：唐高宗李治
【民族】：汉族
【盛世成就】：延续了唐太宗制定的各项政治经济制度，使得唐朝有贞观之治的遗风，并继续强大。

唐高宗李治即位后，遵循了唐太宗贞观时期的政策。他勤于政事，重用贤臣，减少不必要的战争，注重维护民族关系，逐渐摆脱了太宗晚年间执政的颓势，使唐朝重新成为了一个政治、经济、文化及军事大国，唐朝进入了又一个盛世时期。

太子风波

李治是唐太宗和长孙皇后的第三个儿子，排在他前面的有长子李承乾和李泰，李治是唐太宗的第九个儿子，本来是没有机会坐上皇帝的宝座的。可命运偏偏眷顾了他，让他当上了皇帝，这其中的原由是什么呢？

按照嫡长制，唐太宗很早就将李承乾立为太子。李承乾聪明能干，唐太宗有意扶持他，出外巡游时让他主持国政。太子也不辜负父王的期望，总是很让太宗满意。不过李承乾也有个缺点，就是贪图女色，经常在宫里胡闹。但他非常有手腕，能将这些事都瞒住，不让唐太宗知晓。

唐高宗李治

唐太宗逐渐发现李承乾不爱贤才，却喜欢亲近小人；不善听劝谏，却热衷于游猎嬉戏；不务正业，在政见上与自己也有分歧，这招致唐太宗的不悦。

同时，李泰英俊潇洒，礼贤好学，也很受唐太宗喜爱。

李泰一心想取代李承乾的太子之位，四处拉帮结派。为了保住自己的太子地位，李承乾处处猜忌和防范李泰，派刺客谋杀李泰，阴谋发动武装政变，逼父皇退位。事情败露后，李承乾被废为庶人，李泰也脱不了干系，被囚禁起来。

太子的位置不能一直空着。李治谦恭谨慎，对父皇尊敬孝顺，又得到一批大臣的拥护，长孙无忌、李绩[①]、房玄龄等大臣都称赞他品格优良，李治自然成了太子的人选。李承乾和李泰两人万万没有想到，他们鹬蚌相争，可李治却成了笑到最后的渔翁。

朝廷重臣辅佐高宗

唐太宗晚年体弱多病，已经没有精力去纠正自己执政中的一些错误了，他把希望都寄托在太子李治身上。为了让李治即位之后能够很快做出政绩，他默默地为李治铺平了执政的道路。

公元643年，李治刚被册封为太子，唐太宗就任命英国公李绩为太子詹事，李绩被唐太宗的诚意打动了，他没有推辞。为了表示自己的忠心，他还咬破手指写下效忠的誓言。

唐太宗的重臣，长孙无忌、褚遂良等人，都成为了辅佐李治的大臣。这些人都是三朝元老了，经历过贞观之治的辉煌，希望恢复和延续贞观时期制定的各项政治和经济措施。太宗去世后，

李治即位，史称唐高宗。几位大臣不负先帝的嘱托，倾心辅佐高宗，使唐朝的实力日渐增强。

唐高宗即位后，努力恢复贞观年间良好的执政传统，虚心纳谏，关注民生。他通告群臣："如果我颁布的政策对民众不利，希望你们一定要指出来。如果当面说不清楚，也可以在奏折里详细说明。"唐高宗召见了十个州的刺史，让他们切实监察官员绩效和百姓疾苦。在这样的执政氛围下，大臣们敢说真话，敢于谏言，帮助唐高宗制定了不少有利于国计民生的政策。

唐高宗注重自身的节俭，起到了表率作用。同时他对官员们的要求也很高，有件事情就很有代表性。唐高宗曾经下令："不管是朝廷大官，还是边疆大臣，如果向朝廷进贡鹰隼及犬马，都被判为行贿。"政治的清明，使社会经济的发展成为必然，人民也得以安居乐业。永徽年间，唐高宗安排了一次人口普查，据史书记载，当时的登记户口已经从贞观年间的300万户，增加到了永徽年间的380万户。

不拘一格选勇将

唐代开国之初，并不缺少勇将帅才。在唐太宗执政时期，可谓名将如云。像尉迟恭、李绩、段志玄、程知节、李靖、秦叔宝等，都是开国功臣。等到李治即位后，这些将军有的去世了，有的年老力衰了，所以迫切需要选拔年轻的武将，来保卫边疆的安全。

于是唐高宗发布诏书，让各州地方官荐举勇士，从中选拔出智勇双全的武将。这也为日后唐代武举制度的形成奠定了基础。当时的武将选择，主要通过制举武选和乡贡武举这两种方式选拔。

制举武选，是指朝廷有了用人需要，便下诏通告天下，由地方举荐合适的人才。有勇武的人，或者有谋略的人都是首选。这些人要经过严格考试，成绩优异的，唐高宗还会亲自面试。

乡贡武举，指的是全国性的选拔。考生需要向本地官府申报，通过审查后统一送到京师，参加考试。乡贡武举的内容包括拉强弓、骑马射箭、骑马用枪、站立射箭和军事理论，考核勇

气、技术和指挥能力。最后，兵部会根据成绩授予武将官职，发放证书。

谨慎的对外用兵政策

唐高宗即位之后，很快就停止了对东辽的远征。这表明高宗在对外用兵方面是非常谨慎的。他深知战争一旦打响，消耗的就是无数的财力、物力和人力，对国家和百姓都是沉重的负担，因此就要尽量避免那些没有必要的战事。

唐太宗时期，东突厥多次袭扰唐的边境，甚至深入到长安附近。经多年苦战，终于活捉了东突厥的首领车鼻可汗，他的部众也全部归降了唐朝。

唐高宗执政后，展现出宽宏的气度，他不仅释放了车鼻可汗，还封他为左武卫将军，把他的部下安置在了郁督军山（今蒙古杭爱山）。但为了控制他们，高宗下旨设立了狼山（今内蒙古杭锦后旗西北）都督府。从而消除了北方的战争隐患，使唐朝直接控制了漠北地区。

公元651年，唐高宗着手应对西突厥的叛乱。西突厥部落首领阿史那贺鲁本来已归顺了唐朝，却心怀反叛之心，四处召集西突厥的流民，集聚了一定力量之后，就开始反叛唐朝。他打败了乙毗射匮可汗，自称沙钵罗可汗。由于他的势力发展得很快，西域很多国家被迫归附了西突厥。

公元656年，唐高宗向阿史那贺鲁开战。唐军联合回纥骑兵，大败了西突厥，生擒了阿史那贺鲁。战后唐高宗果断地将西突厥划分为东、西二部，并分别设置了昆陵、濛池都护府。至此，对唐朝威胁最大的东、西突厥问题基本得以解决。

东、西突厥问题的解决，使唐朝北方边境获得了稳定。唐高宗随后将注意力转向了朝鲜半岛。

朝鲜半岛当时分布着高丽、新罗和百济三个国家。高丽最为强大，但敌视唐朝；新罗和唐朝保持友好关系；而百济则是个骑墙派，对唐朝的态度摇摆不定。鉴于这种情况，高丽就设法联合百济来夹攻新罗。新罗抵挡不住，于是向唐朝求救。

唐高宗与重臣们经过缜密的商议，最终决议派出军队驰援新罗。入朝的唐军首先对百济发动进攻，歼灭了援助百济的日本倭军，百济只好向唐军投降。百济归降后，唐军安抚百姓，发展农业生产，兴修道路桥梁堤坝，百济的经济迅速恢复发展。接着高宗决定彻底解决高丽的问题。公元668年，经过多年的准备之后，高宗令李绩统帅唐军，向高丽发起了总攻。经过激烈的战斗，唐军一举攻克了高丽的首府平壤，使高丽成为了唐朝的领地。随后唐朝在平壤设置了安东都护府，担任都护的则是名将薛仁贵。

唐高宗执政期间进行的几次对外战事，均是经过周密的权衡和充分的准备后方才实施的，从而取得了较好的效果，维护了唐朝的领土完整，并保证了边境安全。

儒家经典《五经正义》

孔颖达是孔子第三十二代传人，是研究儒家学说的权威学者。他奉唐太宗之命，以颜师古的《五经》为基础，并汇集了魏晋南北朝以来对儒家学说的研究成果，编纂了《五经正义》。孔颖达主持编纂的《五经正义》，克服了以前儒家学说流派繁杂的弊病，但也存在着内容不够简洁的问题。

永徽年间，唐高宗委派长孙无忌和研究儒学的学者和大臣重新修订《五经正义》，于公元653年完成了修订工作，至此，《五经正义》这部儒家经典终于得以成形并印制发行。作为钦定的全国性科举考试教材，绝大部分的科举考试试题均出自于该书，所以只要熟读《五经正义》，想要成为举人、进士就不是难事了。

《五经正义》分为五部分：《周易正义》十四卷，《尚书正义》二十卷，《毛诗正义》四十卷，《礼记正义》七十卷，《春秋左传正义》三十六卷。

《五经正义》的修订和发行，是重要的文化建设。该书成为读书人的必读之书、科举考试的标准依据，进一步强化了孔孟儒学的统治地位。

盛世成就

唐高宗执政后，纠正了唐太宗晚年犯下的一些错误。唐太宗晚年迷信长生不老，痴信丹药，弄得身体多病。唐高宗即位后，大臣推荐来自印度的方士，说有长生术和神药。唐高宗说："自古以来哪里有神仙！秦始皇汉武帝求仙，弄得民众疲惫穷困，一事无成。若真有不死之人，今天在哪里呢？"

古代中国王朝盛世 119

唐高宗励精图治，使唐朝又走上了强盛的道路。唐高宗发展了科举制度，在他统治时期内，大量文武官员是通过科举及武举考试选拔录用的。较完善的科举和武举制度，可以让平民通过科举或武举考试改变自己的命运，为国家效命。

在外交方面，唐高宗表现出大国之君的胸怀，力促唐朝和周边国家的友好交流。他和大食国（阿拉伯帝国）建立了联系，后多次派遣使者往来。接纳了前来唐朝的波斯王子，并允许他在长安建了一座寺院。

在军事上，唐高宗谨慎行事。通过平定西突厥的叛乱和击败百济和高丽，唐朝开拓了东起朝鲜半岛，西临咸海，北到贝加尔湖，南至印度支那半岛中部的广大疆土。永徽之治时期的疆土，是整个唐朝时期面积最大的。

在经济方面，由于政府延续并发展了贞观时期一些行之有效的经济措施，国家经济有了长足的发展，提高了国家的综合实力。宽松稳定的政治和经济环境，使百姓可以安居乐业、发展生产。永徽时期人口增多，百姓的生活水平也有所提高。政府在平抑物价方面取得了一定成绩，其措施和经验，都对后世产生了深远的影响。

公元653年颁行的《唐律疏议》，是中国现存最完整、最古老的一部典型的封建法典。它全面体现了中国古代法律制度的水平、风格和基本特征，成为中国法制史的代表性法典，对后世及当时周边国家产生了极为深远的影响。公元642年完成修订的《五经正义》，于公元653年颁行，是一部具有总结性的儒家学说的权威著作，不但具有很高的学术价值，而且对唐代以至后世的科举制度的发展产生了重大影响。公元659年编撰完成的《新修本草》，收入药物844种。《新修本草》也是世界上最早由政府颁布的药典。

唐高宗开创了继贞观时期之后，中国古代历史中又一个辉煌的盛世，为中华民族的历史又涂上了浓墨重彩的一笔。后世为了缅怀唐高宗的历史功绩，把他在位执政的这段时期，称为"永徽之治"。

知识拓展：

①李绩（594年—669年），原名徐世绩，是唐初名将、凌烟阁二十四功臣之一，后来被封为英国公。因为其功劳巨大，唐高祖李渊赐其姓李，改名为李绩。李绩是三朝元老，在唐高祖、唐太宗、唐高宗手下都获得了重用。公元657年，唐高宗让李绩与许敬宗、苏敬、孔志约、于志宁等人，一起编撰《新修本草》53卷，收入药物850种。《新修本草》是世界上最早由政府颁行的药典。

李绩

第九章　开元盛世

王朝档案：开元盛世

【朝代】：唐朝
【帝王】：唐玄宗李隆基
【民族】：汉族
【盛世成就】：唐朝进入全盛时期，成为当时世界上最强盛的国家。

一代女皇武则天，建立了短暂的武周王朝。武则天被罢黜后，李显、李重茂和李旦先后为帝。李旦很快禅位给自己的儿子李隆基，李隆基就是中国历史上著名的唐玄宗。

唐玄宗在位44年，改革吏治，选用贤臣。在他的治理下，唐朝经济得到进一步发展，国家总体实力达到空前的水平，唐朝进入了全盛时期，成为当时世界上最强盛的国家，历史上称之为"开元盛世"。

一连串的政变

公元705年，宰相张柬之发动政变，拥立李显为帝，武则天被剥夺了权力和自由，囚禁在上阳宫。已经82岁的武则天，没过多久，就死在了那里。

唐中宗李显

在经过了14年的煎熬后，李氏家族终于复国成功。可是唐中宗李显昏庸无能，韦后独揽大权，把朝政搞得乌烟瘴气。韦后野心很大，想当女皇帝，女儿安乐公主想当皇太女，这一对权迷心窍的狠毒母女，竟下毒害死了唐中宗。李显死后，16岁的李重茂即位为少帝，韦后以皇太后的身份主持朝政。

韦后母女只高兴了十九天，李显的侄儿李隆基就率领禁卫军杀入皇宫，处死了她们。李重茂被罢免，由李旦即位为唐睿宗。

公元712年，李旦把帝位传给了李隆基。

李隆基的姑姑太平公主很不高兴，她是武则天的女儿，对政治充

唐睿宗李旦

古代中国王朝盛世 123

满了野心。李旦在位时，太平公主控制了统治大权，七个宰相中，有四个是太平公主的党羽。

太平公主密谋推翻唐玄宗。唐玄宗察觉到了这个阴谋后抢先出手，将太平公主的党羽一网打尽，太平公主被赐死。

至此，唐玄宗完全掌控了国家政权，可以放手实现自己的政治理想了。

重用贤臣

多年的皇室之乱，让唐玄宗深有感触。他对自己的同胞兄弟非常仁慈和慷慨，但在政治上却不给他们更多的实权，减少皇室内部发动政变的可能性。对那些自恃有功、要求权位赏赐的人，唐玄宗严厉地训斥，并有意地疏远冷落他们。对于韦后、太平公主的亲信党羽，则毫不留情地打击镇压。

对于那些有才能又忠心耿耿的官员，唐玄宗不仅委以重任，而且尽可能做到用人不疑，疑人不用。在唐玄宗统治前期，他决心以贞观之治为榜样，任贤用能，先后任命姚崇、宋璟、张九龄、张嘉贞等人为相，鼓励他们针砭时弊，大胆地进行政治、军事、经济的一系列改革，大力革除武则天时期的弊政，厉行节俭，带头焚毁珠玉锦绣，遣散宫女，给社会带来一股清新之风，有效促进了当时社会的稳定和经济、文化的繁荣。

大臣姚崇在武则天时期和唐睿宗时期，都担任过宰相，被

当时的人称赞为"救时宰相"。唐玄宗任命姚崇为宰相时，竟然遭到了拒绝。姚崇说："陛下要让我做宰相，就必须先采纳我的建议。"他建议的主要内容包括：施行仁政，待民宽厚；有法必依，执法必严；维护皇权的同时，要尊重大臣；不能让宦官干预朝政；皇亲国戚不能担任朝廷要职；能听进直言；废除苛捐杂税；停止修建寺院道观；对外不轻易发动战争；等等。这些其实是对武则天以来唐朝政治得失的全面总结，是十条政治纲领。唐玄宗不仅全部接受，还支持姚崇将这些一一落实。姚崇担任宰相期间，开启了清明的政治，为开元盛世奠定了基础。

姚崇

姚崇年老辞职时，推荐为人耿直、很讲原则的宋璟接任为相。宋璟上任后继续推行姚崇时期的政策，重视对人才的选拔和任用。特别是恢复了贞观时期的谏诤制度，让大臣可以公开发表

古代中国王朝盛世　125

自己的意见，陈述时政得失，可以互相争论、批评，皇帝要虚心求教。等到文武双全的张说成为宰相后，又推行了一些新的改革措施。在行政上，改革了宰相机构，把"政事堂"改为"中书门下"，增加了中书省的权力；在军事上，把府兵制改成了募兵制，裁减了20万戍边部队，有效地节省了军费开支。

唐玄宗统治前期，大部分官员也是杰出的学者，有很强的行政能力。在他们的有效管理下，开元盛世开创了唐朝的鼎盛时期。公元725年，唐玄宗在泰山举行了规模浩大的封禅大典。

经济的繁荣

豪强霸占农民的土地后，却隐瞒不报，这样的土地被称为"籍外之田"。逃亡的农户成为豪强的奴仆，被称为"私属"，也不会上报。这样一来，国家的土地税和人口税，就不断减少。为了保证政府的财政收入，打击那些强占土地和人口并隐瞒实情，不如实申报的豪强势力，唐玄宗即位之初，就发动了一场"检田括户"行动。

从公元712到725年间，唐玄宗任命宇文融为"检田括户"行动的总负责人，为他配置了得力的随从。这些随从被分派到各地，将隐瞒的土地和农户登记在册。凡是"籍外之田"，一律没收，并分给农民去耕种。唐玄宗的"检田括户"运动很快收到了实效，查出来的没有上报的人口多达一百多万户。

在开元时期，新开垦了大量土地，无论是山坡还是沟渠，都有人开垦种植。唐玄宗下令，连续六年免征田赋。兴修各种水利设施38处，北到三河，南到杭州诸暨，西到成都。当时的物价低廉，商业繁荣，粮食和布帛的产量丰富，一斗米只卖到13个铜钱，一匹绢只卖210钱。到公元754年，唐朝有民户906万户，人口超过了5288万。商业贸易的繁荣兴盛，使新兴都市纷纷崛起，长安和洛阳成为当时的世界大都市。江南的扬州常住有数万侨民，从往来不绝的商船，遍布全城的饭庄客栈，都可以显现出扬州在唐朝对外商业贸易中的重要地位。由于唐朝与西域的交流，敦煌成为大西北的文化中心。敦煌的居民来自于各个民族，在这里，中文、梵文、于阗文、龟兹文、粟特文、突厥文，都很流行。成都地处西南，主要展开内陆贸易，成为新的财富集中地。

在首都长安，居住着来自四十多个国家的侨民，甚至包括来自非洲的黑人（昆仑奴）。这些侨民可以和中国人通婚，他们中有很多人不仅会说汉语，连姓氏也都中国化了。侨民们大多在长安居留，除了贸易外，他们还从事各种行业，有的还参加了科举考试，成为了唐朝的官员。

> **小链接：**
> 杜甫诗中的开元盛世
> 公元764年，安史之乱刚刚平息，城市乡村，到处是废墟荒丘。诗人杜甫深情地回顾开元盛世，写下了《忆昔》。主要内容有："忆昔开元全盛日，小邑犹藏万家室。稻米流脂粟米白，公私仓廪俱丰实。九州道路无豺虎，远行不劳吉日出。齐纨鲁缟车班班，男耕女桑不相失。宫中圣人奏云门，天下朋友皆胶漆"。

唐诗传奇

经济的繁荣，也带来了文化的昌盛。唐玄宗不但是一位善于治理国家的皇帝，也是一位才华横溢、温柔浪漫的皇帝。在他统治期间，唐朝的文学、绘画、书法、音乐、舞蹈、教育等方面都取得了辉煌的成就。特别是唐诗的成就更为卓越，成为中华民族文化宝库中的瑰宝。唐玄宗还善于书画，擅长画墨竹，提倡隶书，他的书法作品，构架工整，秀美多姿，在唐代书法中占有很高的地位。唐玄宗还精通韵律，不仅能亲自演奏笛、琵琶、羯鼓等多种乐器，还能够作曲，留下了《霓裳羽衣曲》《小破阵乐》《春光好》《秋风高》等百余首优美的乐曲。他创建梨园，亲自担任音乐、曲艺教练。唐玄宗还喜爱诗文，《全唐诗》中收集了他的61首诗。

在这样一个风雅帝王的带动下，唐诗能取得惊人的成就，也

诗仙李白

就一点都不奇怪了。在开元年间,涌现出了一大批著名诗人,代表人物有李白、杜甫、高适、岑参、王维、孟浩然等人。唐代中期出现的著名诗人,也是这个时期培育出来的。

　　李白天性乐观,是一位浪漫派诗人,以喜欢饮酒闻名于世。他不但有丰富的想象力,还蔑视权力和财富,被尊称为"诗仙"。杜甫与李白齐名,早年做过微不足道的小官,中年遇到安史之乱。他是一位现实主义诗人,在他的诗中反映了深刻的社会现实,被尊称为"诗圣"。王维的诗优柔典雅,细腻清新,被誉为诗中有画、画中有诗。岑参是著名的边塞诗人,在边疆的战争中,他用诗歌歌颂荒漠中捍卫国土的将士。

在盛唐时期，著名的诗人很多，流传下来的诗歌作品更是超过了几万首。这些诗人，既有帝王将相，文人雅士，也有歌女奴婢，他们都奉献出了优美的作品。这一时期可称为中国文学史上光辉的时代。

秣马厉兵，戍边卫国

唐高宗执政的时候，吐蕃逐渐强大起来，成为唐朝在西方的强邻。武后时期，后突厥在漠北崛起，契丹又在东北称雄，这让唐朝北方边境的形势，变得异常紧张起来。唐玄宗执政后，开始在边境增强部署，他利用屯田制，以耕养兵，增强防备。唐玄宗又在全国设立了九个节度使，加强对边疆的行政管理。为了统一管理边疆地区，玄宗又下令设置了岭南五府经略使。

公元723年，唐玄宗接受宰相张说的建议，从关内招募了十二万军士，对他们进行集中训练，提高部队的战斗力。唐玄宗还采取了很多整军措施，例如颁布《练兵诏》，命令西北的军事重镇扩充军队，加强训练。为从根本上解决军粮问题，唐玄宗扩大了屯田范围，在西北和黄河以北地区，大力发展屯田，增加粮食产量。

在做好了充分准备后，唐朝逐步收复了失地，漠北很多国家重新归顺了唐朝，后突厥与唐之间的战争逐渐停止，并开始友好通商。

公元745年，吐蕃凭借武力，强迫小勃律（今克什米尔的吉尔吉特）与吐蕃进行政治联姻，小勃律被迫迎娶吐蕃公主，从而使吐蕃的势力影响到了这一地区。唐朝失去了小勃律的支持，也就失去了对西域各国的控制。西域各国纷纷背叛了唐朝，归顺了吐蕃，唐朝在西域的威望急剧下降。看到这种情况，唐玄宗当然不会坐视不管。

公元747年，唐玄宗任命高仙芝为将军，率领步骑一万多人，长途远征小勃律国。高仙芝率领大军，迅速攻占了重镇连云堡。然后乘胜追击，一举攻破了小勃律国，活捉了小勃律国王及吐蕃公主。公元750年，高仙芝又攻下车师国，俘虏了车师国国王勃特没。

这些胜利让唐朝恢复了对西域的控制，在中亚的势力得到了进一步扩张。当时，唐朝已经完全控制了天山南北的塔里木地区、伊犁河流域等地区，唐朝的疆域达到了1076万平方公里。

盛世成就

开元盛世延续了三十多年，使唐朝的政治、经济、军事、外交、文化、科技等方面达到了史无前例的鼎盛时期，史称"盛唐时期"。开元年间的繁荣景象，既是唐朝百余年来社会发展积累的成果，又是和唐玄宗君臣的努力分不开的。

在政治上，唐玄宗采取了先发制人的手段，消除了政敌，结束了当时政局混乱的局面。唐玄宗任用贤能，改革吏治，削减冗员；同时制定官吏的迁调制度，提高了官吏的整体素质。唐玄宗还改革了科举制度，使优秀人才的选拔更具合理性。

在军事上，唐玄宗推行了一系列成功的措施，有效解决了从兵源到补给的关键问题，从根本上提高了军队的战斗力。强大的军事实力，不但保证了对外战争的胜利，也使开元时期的版图面积成为了唐朝之最。

在经济上，唐玄宗倡导节俭。他下令清查全国的流民人数及籍外田地，从而大幅增加了财政税收及劳动力来源。唐玄宗还下令兴修大型水利工程，鼓励提高农耕技术，当时出现了新的农业工具——曲辕犁，新的灌溉工具——筒车。农耕新技术的应用，大大提升了农业生产的水平。当时全国各地的粮仓殷实，物价也很低。由于茶叶的大面积种植和普及，饮茶开始在民间流行，出现了世界上第一部茶叶专著《茶经》，其作者陆羽被后人称为"茶圣"。蚕桑养殖业的发展，促进了丝织业的发展，其花色品种之多，做工技术之高超，让后人叹为观止。在陶瓷制造方面，当时出现了越窑青瓷、邢窑白瓷、唐三彩等名品，都是著名的世界工艺珍品，尤其是唐三彩，因其独特的造型与色彩，成为了唐代陶瓷的代表。

唐玄宗重视文化和教育。他下令收集图书，共收集到近5万卷图书。中国最伟大的诗人，大多成名于这个时期。纵观中国历史，唐朝是我国诗歌创作的黄金时代，有2千多位诗人的共近5万首诗歌流传至今，同时，还有大量高水平的散文、辞赋、小说。

在书法方面有著名的"颜筋柳骨"①。在音乐舞蹈方面，有许多著名的音乐舞蹈作品，如浑脱舞、胡旋舞、剑舞，以及众多歌姬舞女。在绘画方面，有阎立本和被称为"画圣"的吴道子。甘肃敦煌的莫高窟是世界最大的艺术宝库之一，流传下来的壁画和彩色塑像是后世艺术家的灵感源泉。

在外交上，唐朝与亚洲乃至非洲、欧洲的国家都有往来。唐朝政府鼓励各国商人到中国进行贸易，允许他们长期居住。长安、洛阳、广州、扬州等地都有频繁的外贸活动，都城长安更是各民族交往的中心，也是一座国际性的大都市。开元年间高度发展的经济和文化，让全世界仰慕，很多国家派到中国的使节，往往在长安定居，不再返回自己的国家。

开元盛世是唐王朝的顶峰，也是中国历史上的一个昌盛的高峰。开元盛世所取得的诸多成就不仅对中国历史的发展意义深远，同时也影响了中国周边的国家。

开元盛世的末日

开元盛世延续了三十多年，唐朝经济繁荣，文化发达，国力强盛，称为"盛唐"。然而唐玄宗晚年沉迷于女色，生活奢侈，政治昏庸，不思进取，重用奸臣佞人，如口蜜腹剑的宰相李林甫，不学无术的杨国忠，飞扬跋扈的宦官高力士，野心勃勃的节度使安禄山，有作为的正派官员被排挤、陷害，政治腐败，社会两极分化严重，"朱门酒肉臭，路有冻死骨"。公元755年，安禄山率领20万大军起兵造反，迅速占领了河北、河南、山西大片土地，攻陷了洛阳、长安。唐玄宗仓皇逃往四川，被迫退位。社会陷入严重战乱，数以千万计的百姓死于战祸，史称"安史之乱"。唐朝由极盛转向衰落。

知识拓展：

① "颜筋柳骨"

"颜筋柳骨"是对颜真卿和柳公权这两位大书法家书写风格的概括。颜真卿创立了雄浑敦厚的楷书新书体，称"颜体"，其结构严谨，墨酣意足，丰整秀丽。他是继王羲之之后我国书法史上最有成就的大书法家，代表作为《颜氏家庙碑》《多宝塔碑》。而柳公权则博采众长，别出新意，创立了"柳体"，其风格方折峻丽，骨力劲健，代表作是《玄秘塔碑》。

第十章　咸平之治

王朝档案：咸平之治

【朝代】：宋朝
【帝王】：宋真宗赵恒
【民族】：汉族
【盛世成就】：北宋的统治逐步巩固，国家管理日益完善，社会经济繁荣兴盛。

　　宋真宗赵恒是宋朝的第三个皇帝，他在公元997年即位后，曾御驾亲征辽国，双方在澶渊（今河南濮阳西南）展开激战，宋军获胜。辽国提出和谈建议，宋真宗也决定借此休战，于是两国订立了"澶渊之盟"。虽然宋朝每年要向辽国缴纳岁币，但换来了百年的和平。宋真宗注重体察民情、关注民生。还制定了严谨有效的官员任用、管理制度，特别是在反腐倡廉方面成效卓著。在宋真宗的统治下，北宋的政治统治逐步巩固，国家管理日益完善，社会经济繁荣兴盛，后世称为"咸平之治"。有史学家认为，咸平之治的盛况可比"贞观之治"和"开元盛世"，它们同是中国皇权社会的巅峰时期。

宋真宗赵恒

反腐倡廉

宋真宗赵恒是宋太宗赵光义的第三个儿子，与嫡长子赵元佐都是元德皇后所生，本来他没有做皇帝的机会。长子赵元佐替被陷害的四皇叔赵廷美辩护，失去了赵光义的信任，不久他神经失常，丢掉了继承皇位的资格。深受赵光义喜欢的二儿子赵元僖，27岁时暴病去世。两位兄长的意外，才让赵恒有机会做了皇帝。他于公元997年继承了皇位，史称宋真宗。公元998年，宋真宗将年号改为"咸平"。

宋真宗即位后，尽可能做到知人善任，并鼓励直言纳谏。他既对官员严格管理，又推行"仁政"。宋真宗采用了"高薪养廉"的政策，大幅提高了官吏们的俸禄和福利，对为官府服役的工匠和承担危险任务的军士，也相应地提高了福利。

宋真宗厌恶严刑峻法，主张谨慎用刑。他废除了断截手足、钩背烙身等残酷的刑罚，禁止使用私刑。还经常主持审判罪犯，每年夏天都会释放一些长期关押的囚犯。

宋真宗非常重视官员的腐败事件，亲自审理一些重大贪腐案件，并依法判刑。同时也倡导赏罚分明，对于清正廉洁的官员予以奖赏。宋真宗认为，"清心""修德"是廉政的源头，依靠"清心""修德"就能实现"德治"。为此，他特地颁布了告诫百官的"文武七条"[①]，受到了百姓们的欢迎。

宋真宗建立了一整套严谨有效的官员选拔、任用制度，这就是"州县三课"法。宋真宗时期任命的所有官员都必须有试用期，试用期间言行得体的官员才能转正，而且还需要正式的官员做保人。按照规定，不能推荐曾犯有贪污罪的人，一旦被发现，保人就会受到惩罚。当时最让人看不起的就是贪污犯，官员一旦有了贪污罪的污点，就很难再受到重用。

宋真宗为每个官员建立了档案，官员所犯的过错、罪责都会被记录在案。身背污点的官员，调动或者晋升职务时，都要主动说明自己历史上的劣迹。如果更改姓名，或者有所隐瞒，一旦被查出来，轻则官位不保，重则人头落地。不仅如此，他的上司、举荐者，都会受到处罚。这些严厉的措施，使得贪污受贿案件大大减少。

为了监察官员，宋真宗制定了严密的监管体制。为了不让监察体系自身出现问题，宋真宗对负责监察的官员的规定更为严格，监察官哪怕是违反了出巡制度，也会受到处罚。对于没有尽职的监察官，宋真宗对他们的处罚毫不留情。河北转运使王曙、解州通判张观等人，都因为没有完成使命而被撤职、流放。

宋真宗不仅对在职官员的考察很严厉，对预备官员的选用也很严格。科举制成为了当时选拔官员的主要途径，为了让科举制的实施更加普及和公平，宋真宗旨意有关机构制定了多项措施并加以完善。

宋真宗推行的"高薪养廉"政策，对官员严格的管理和监察制度，使当时朝廷上下为官清正廉洁，提高了各级行政机构办事的效率，执政公平。反腐倡廉顺应了民意，减少了社会矛盾，形成了"风清气正""国泰民安"的局面。

"澶渊之盟"的签订

宋真宗时期，宋朝边境外分布着辽、大理、西夏等国家，其中北方辽国的势力最强大。

公元916年，耶律阿保机统一了契丹各部，定国号为"契丹"。公元936年，契丹国大举进攻中原，河东节度使石敬瑭以割让燕云十六州（今北京、天津、山西、河北北部等地区）为代价，和契丹结盟，建立了后晋，自称儿皇帝。契丹在得到了燕云十六州后，统治了中国北方的大部分地区。公元947年，契丹灭亡了后晋，改国号为"辽"。

公元982年，12岁的辽圣宗耶律隆绪继承皇位，30岁的皇太后萧绰摄政。萧太后推行了一系列改革措施，赏罚分明，励精图治，辽国逐渐强盛起来。1009年，萧太后病故。辽圣宗亲政，他基本上延续了萧太后摄政时的国策，多年的建设，使辽国进入了鼎盛时期。

北宋成立之初，为了收复燕云十六州，宋太宗赵光义与辽军开战，却因为轻敌，败给了辽军，宋太宗本人也差点被辽军活捉。此后宋太宗再次北伐，仍以战败告终。这些失利，导致宋朝对辽的战略态势由进攻转为防御。

当时宋朝的北部边境，没有天堑或防御工事可以依托。中原北部一马平川，辽国的骑兵随时可以南下骚扰。为了抵御辽国骑兵，宋真宗沿用了宋太宗时期的办法，开挖沟渠，种植水田，用密集的水田和水渠网，来阻挡或减缓辽军铁骑的凌厉攻势，他还推行了屯田制。宋真宗时期，全国军队已经达到91万人，其中精锐部队43万人，以综合的防范措施，和辽对峙。

宋朝的守势步步为营，辽军的攻势却来势汹汹，南下袭扰宋朝的频率和危害，也是逐年增加。辽军充分发挥了骑兵迅捷、机动的特点，大多采用速战速决的战术，使宋军难以组织有效的防御和反击。

1004年10月，萧太后与辽圣宗亲自率领大军南下，一路上攻城掠地，势如破竹，一口气打到了黄河边上的澶州（今河南濮阳），直逼宋朝首都汴京（今河南开封）。

战况危急，有的大臣主张南逃，迁都江南或四川，在宰相寇准[2]的极力坚持下，宋真宗才同意起驾亲征。当宋军将士看到真宗皇帝真的来到了前线，兴奋莫名、雀跃欢呼、士气大振。宋军威猛的士气吓倒了辽军。宋真宗把军事指挥权全权交给了寇准，寇准治军严格，指挥有方，宋军将士越战越勇。辽军统帅挞览被宋军强弩射中身亡，辽军士气低靡，宋军逐渐占据了战场的优势。

辽军这次南下，本来只是想掠夺些物资，展示一下武力，不曾想却遭到了宋军的顽强抵抗，损兵折将，元气大伤。又由于战线过长，造成补给困难，让战争难以再持续下去。思前想后，萧太后决定派使者前往澶州城，向宋真宗转达和谈的意愿。

宋真宗也早有停战之意，他权衡利弊后，接受了萧太后的和谈建议。1005年1月，宋、辽两国在澶渊城订立了和约，历史上称为"澶渊之盟"。其内容为：两国约定成为盟国，互不侵犯，并划定了河北中部的白沟为边界。盟约还规定不能收容对方逃亡的盗贼，不修筑城堡、不改移河道，辽帝称宋帝为兄。同时，宋朝每年交给辽国10万两白银，20万匹绢绸。

"澶渊之盟"的签署，换取了宋、辽两国之间一百余年的和平，为宋朝赢造了宝贵的建设、发展的环境。大量裁减军队，边境的安稳，使两国之间的贸易快速发展，贸易的红火，也促进了各民族之间的交流和融合。

古代中国王朝盛世　141

经济的繁荣

宋真宗即位之初，任用李沆等人为宰相。李沆是个有能力又勤于政事的人，在行政管理上，他采用了全国分区管理的方法：把全国分为了十五个路，后改为十八个路，要求每个路的负责人都要轮流进京述职。此举的好处是，中央政府可以加强对地方官员的监控，并密切中央与地方的沟通，有利于了解民情，使中央政府制定的政策和法规更加切实、合理。李沆提议减免五代十国以来的多种苛捐杂税，这大大减轻了百姓负担，缓和了社会矛盾。

宋真宗深感"民以食为天"的重要性。他本人也很注意节俭，从来不浪费粮食。对于浪费粮食的行为深恶痛绝，他曾经下令对浪费粮食的人判刑。

为了保证供给，平抑物价，防止奸商在灾年里高价倒卖粮食，牟取暴利，宋真宗在全国推广常平仓制度。规定每年夏天，各地方政府依照本地的户口，以每户一石计采购粮食，储存在政府开设的粮仓里。如果遇到灾年，地方政府再把仓里的存粮平价卖给百姓，以抑制粮价。常平仓有专人管理，防止粮食的腐坏，定期把陈粮换成新粮。常平仓制度的推广，对灾年平抑粮价起到了重要的作用，深得百姓的拥护。

"澶渊之盟"的签订，终于让饱受辽国袭扰的宋朝可以喘口气了。北方边疆的和平，使朝廷可以逐步削减北部边防的军费和驻军数量，也让北部边疆百姓安居乐业，边境贸易也随之变得活跃，宋辽之间的商品贸易相当发达。由于通往西域的陆路不畅，宋朝大力发展海运，通过海路，与南洋各国进行贸易。经过多年的发展，海路贸易已经成为宋朝对外贸易的重要途径。中国的瓷器、茶叶、丝绸，源源不断地运往南洋各国。据史料记载，当时与中国开展贸易的国家和地区，多达70多个。

信奉"民以食为天"的真宗皇帝，非常关注农业的发展。他经常深入到民间，进行实地考察。真宗鼓励开荒造田，在他执政期间，全国土地耕作面积从3亿多亩增加到了5.2亿亩。他还热衷于优良农作物品种的推广，下令大面积推广引进的"占城稻"——此稻有抗旱、早熟、高产等优点，先在皇宫试种，后在江南、淮南地区大面积推广。宋真宗还用珍宝换来西天竺（今印度境内）的高产绿豆种子，在皇宫后苑试种后广泛推广。他三次召集大臣在皇宫观看占城稻和西天竺的绿豆，推广复种技术，在水稻收获后再种小麦，做到稻麦两熟。全国的粮食产量，有了很大增加。

宋真宗很重视农业技术的普及，曾下令翻印《农器图》《齐民要术》《四时纂要》等农书。由于真宗皇帝对农业生产的高度重视，以及先进农业技术的应用和优良品种的推广，当时宋朝的农业生产水平发展到了很高的水平。

宋真宗时期，各项手工制造业也得到了快速发展。当时的铁器工具制作、纺织、造纸、制瓷等手工艺技术均是世界领先。手工业的发达，促进了商业的蓬勃发展，商业成为了国家重要的经济支柱。

宋真宗时期，商业税成为政府最大的税收来源。政府还制定

了严格的税收管理制度，管理监督各种税的征收和上缴数额。如酒类税在公元997年仅有121万贯钱，而公元1019年涨到了901万贯。庞大的商业税收，使国库充盈，保障了国家财政的稳定与安全。

商业活动的兴旺，需要更多的货币。成都是当时的经济重地，为了满足商业活动的需要，四川的富商们约在1008年首创了"交子"③，这是世界上最早出现的纸币。纸币的发明和应用，是世界商业史上的革命。

国泰民安、百业兴盛是对宋真宗统治时期繁荣景象的集中概括。宋真宗即位前一年，也就是公元996年，北宋人口只有451万户，财政收入2224万贯钱。在宋真宗病逝前一年的1021年，北宋的人口已将近900万户，约4500万人；财政收入则达到15085万贯，财政支出12677万贯，每年可以有2400万贯钱的结余。其国家繁盛及富庶程度在中国历史上是罕见的。

书院的兴起与文化的传播

宋真宗很清楚，一个国家仅有金钱是不够的，必须在文化方面有所作为，才能提高国民的素质，被世人尊重。真宗皇帝非常喜爱书法，还是位诗人，"书中自有黄金屋，书中自有颜如玉"的诗句，就是出自他的《励学篇》。

为了发展文化，宋真宗广招贤士，委派了一批既有真才实学，文化修养和创作水平又都很高的学者，去帮助他实现发展文化的理想。

宋真宗重视教育，他鼓励兴办书院。一时间，有教育、研究、学术交流职能的书院迅速发展，出现了岳麓、应天、嵩阳、白鹿洞四大书院。1005年，宋真宗赠赐"岳麓书院"题额，并向岳麓书院赠送了大量典籍。1009年，河南虞城的富翁曹诚，在商丘建立学舍150间，藏书达到1500余卷。1010年，宋真宗赐额为"应天府书院"。应天府书院逐渐成为北宋最有影响力的书院，被尊为四大书院之首，后来改为南京国子监。

除四大书院之外，政府和民间还创办了大量的书院，遍及全

岳麓书院今貌

国各地。宋朝是中国书院发展的黄金时期，在校学生总数多达16.7万人，培养了大量优秀人才。书院也是各学派交流和争鸣的阵地，成为宋朝文化大放异彩的摇篮，对文化传播、学术进步做出了重要贡献。

除了兴办教育，政府还鼓励发展出版业，每年印刷出版了大量书籍，有《论语》《孟子》《礼记》《春秋》《尔雅》等，被后世称为"宋版十三经"，助长了学习的风气，普及了文化和科学知识。

盛世成就

宋真宗统治时期，经过一系列吏治整顿及惠民政策，经济得到了较快的发展，国家财政收入达到了空前规模。据传当时主管财政的官员，都不敢向真宗皇帝汇报国库里到底有多少钱财。他们担心宋真宗一旦知道了国家多么富有，就会变得奢侈起来。

虽然宋朝的面积、人口以及各种资源不能与前代的唐朝相比，但咸平之治时的国家收入大大超过了唐朝。1009年，国家年度的各项收入是唐朝的七倍。遇到了天灾的年份，年收入仍然达到唐太宗时期的三倍左右。粮食亩产量从唐代2石提升到3石，

郑和

垦田数也比唐代增加了许多。宋真宗实施了严格的税收制度，商业税收入大大提高，取代农业税成为政府税收的最大来源。"交子"的首创与应用，使宋朝成为世界上最早使用纸币的国家。

　　宋真宗执政的咸平时期，在司法、文化、外交等诸多方面都取得了很高的成就。宋朝成为当时世界上最强盛富庶的国家，满载着精美物品的宋代商船，航行在西太平洋和印度洋各地，最远的甚至到达非洲的索马里。宋朝在手工业、商业、货币和城市建设方面远远超过世界其他地方，汴京（今河南开封）是当时最繁华最著名的国际大都会。

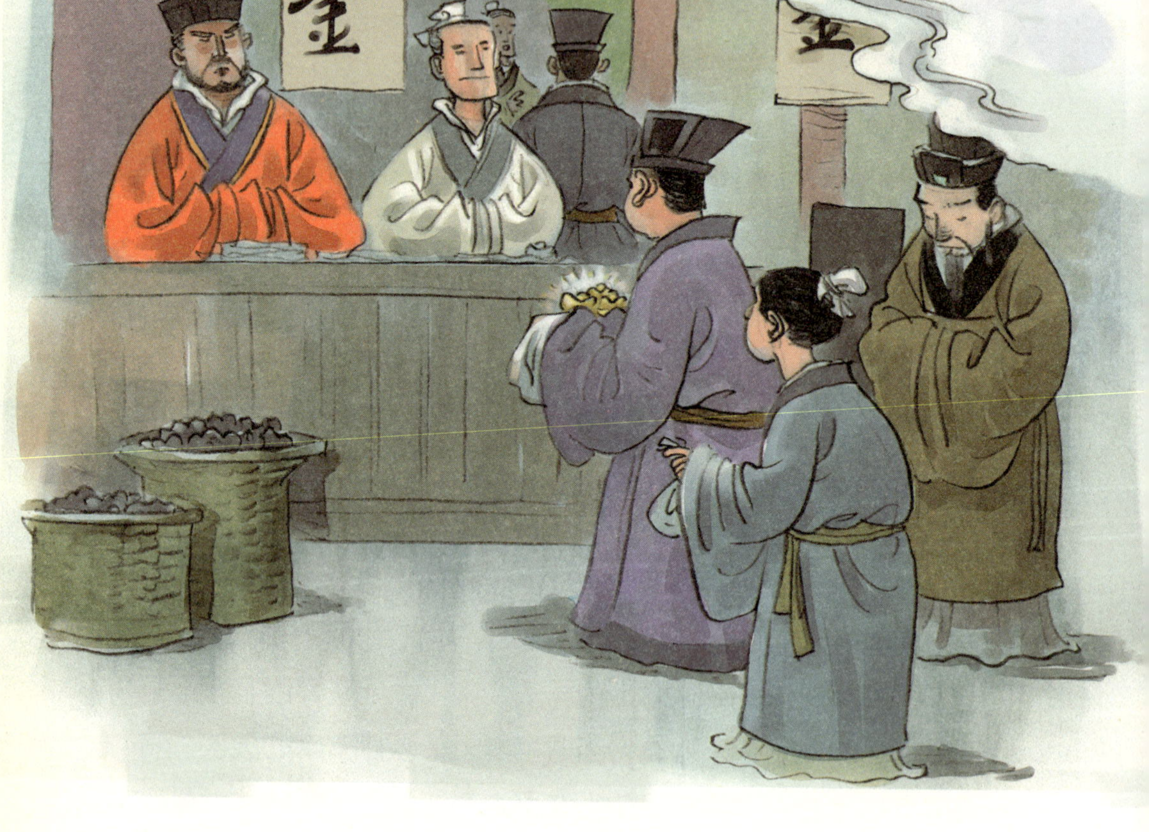
兑换金

知识拓展：

①文武七条

一是清心，要平心待物，不因为自己的喜怒爱憎而影响政事公务。二是奉公，要公平正直，自身廉洁。三是修德，要以德服人，而不是以势压人。四是务实，做实事，讲实效，不贪图虚名。五是明察，要体察民情，避免征收重税和刑罚不公正。六是敬业爱岗，勤于公务，关心民生。七是对抗坏风气，努力革除各种弊端。

②寇准

寇准（961年—1023年），北宋著名政治家、诗人，为人刚直不阿。他在担任宋真宗宰相时，对宋辽关系起到了很大作用。在他40多年的做官生涯中，从县令升迁到宰相，两度担任宰相，又被贬为雷州（今广东雷州市，建市前称海康县）司户参军，最终死于任上。

③交子

最初的交子是由商人推广使用的。约1008年，成都出现一种商铺，它们用楮树皮纸印刷凭证，上有图案、密码、画押、图章等印记，作为支付凭证流通。存款人把白银、铜钱等现金交付给铺户，铺户把数额填写在用楮纸制作的卷面上，再交还存款人，当存款人提取现金时，每1000文钱收手续费30文。这种凭证物被称为"交子"。这时的"交子"，只是一种存款和取款凭据，还不是货币。公元1023年宋仁宗时成为流通的法定货币，由官府发行，有支付、汇兑、存款取款等功能。宋朝交子的出现，要比美国（1692年）、法国（1716年）等西方国家发行纸币早了六七百年。

第十一章　永乐盛世

王朝档案：永乐盛世

【朝代】：明朝
【帝王】：明成祖朱棣
【民族】：汉族
【盛世成就】：社会安定、国家富强、疆域辽阔，派遣郑和下西洋，编撰了当时世界上最大的百科全书《永乐大典》。

　　明太祖朱元璋去世后，由于太子朱标早逝，21岁的皇太孙朱允炆成为明朝的第二个皇帝。朱允炆就是建文帝，他即位后，为削弱地方政权对中央的威胁，一心想要削藩。朱元璋第四子燕王朱棣发动靖难之役，夺位上台，成为明成祖。明成祖改年号为"永乐"，他在统治期间采取了许多措施，加强中央集权，大力发展经济，社会安定，国家富强，后世称这一时期为"永乐盛世"。

叔叔造了侄子的反

明太祖朱元璋建立明朝后，除了加强君主专制统治，独揽军政大权外，还通过分封儿子为王的方法，加强了皇室的权力。当时，明太祖的24个儿子都被封为藩王，驻防在明朝的各个战略要地。明太祖是想以他们为盾牌，来确保中央集权。受封诸王在自己的封地建立王府，设置官属，并且拥有各自的军队，少则3000人，多则10万人。这些亲王不仅掌有实权，而且在朝中的地位也很高，凌驾于公侯大臣之上。

明成祖朱棣

燕王朱棣驻守北平（今北京），北平是北方的战略重地。为了对抗蒙古等势力，燕王拥有精兵10万，曾多次出塞征战，打击蒙元残余势力。明太祖特别看重燕王，甚至下诏令说："燕王军中小事可以自行处理，只有遇到大事，才需要向朝廷报告。"

1392年，太子朱标病死。1398年，朱元璋去世。太孙朱允炆成为皇帝，就是建文帝。建文帝是诸王的侄子辈，他担心自己难以制约诸王，于是有了削藩的打算。建文帝上台的第一件事，就是发布太祖遗诏，命令诸王一律留守封地，不用前来吊唁，此举让诸王很是不满。当时燕王已经在去往南京的路上，却被建文帝勒令返回，这件事情，让朱棣很不痛快。

为了提防燕王造反，建文帝任命工部侍郎张昺为北平布政使掌管行政，命指挥使谢贵、张信为北平都指挥使掌管军事，严密监视燕王的动向。建文帝以防御蒙古为名，大规模调遣军队，命都督宋忠率领原来属于燕王的部队步兵骑兵各3万人，驻守开平（今河北赤城），削弱燕王的实力。

燕王朱棣意识到朝廷迟早会拿自己开刀，于是他想方设法争取时间，做好作战的准备。他在大力打造军械兵器、训练精兵的同时，装出重病的样子，迫使建文帝允许他的三个儿子回到自己身边。之后又佯装自己精神不正常，故意在夏天围炉烤火，在大街上装疯卖傻，大喊大叫。其目的就是想让建文帝放松对自己的警戒，以便伺机反叛。

建文帝朱允炆

世上没有不透风的墙，燕王的戏演得再好，也不免会被人看出破绽。建文帝发布密旨，授权张昺、谢贵逮捕燕王府的官属，并派张信亲自逮捕燕王。建文帝万万没有想到，张信会将计划全部报告给朱棣。燕王遂命令提前起兵，他们杀了张昺、谢贵，很快就控制了北平城。

1399年，以"清君侧""讨伐奸恶"为名，燕军首先平定北平周围的城池要塞，然后向南京大举进攻，一路杀伐，经过激烈的战斗，1402年攻占了南京。战乱中，皇宫燃起冲天大火，建文帝下落不明，成为千古之谜。文武百官则纷纷跪迎道旁，朱棣在群臣的拥戴下登基称帝，史称明成祖，年号永乐。

高明的政治家

建文帝缺乏政治斗争的经验，仓促改革削藩，结果引火烧身，丢了皇位。而明成祖是政坛老手，镇守边关几十年，曾率军出征蒙古，风风雨雨见识得多了，政治斗争的经验远远超过建文帝，他手下既有一批文臣武将，又有计谋多端的谋士。

在刚登上皇位的时候，明成祖考虑到自己根基未稳，需要得到更多的支持，因此先后恢复了周、齐、代、岷诸王的封地和职权，等到皇位巩固之后，他才实行削藩。很显然，同样是削藩，效果却很不一样。建文帝的二个弟弟还没有来得及去封地做王，就被明成祖废为庶人，囚禁在凤阳，其他诸王，则被剥夺了军权。

朱棣大肆封赏奖励那些追随他的人臣武将，甚至曾经为他划船的船工，也给他们种种赏赐和特权，让他们成为自己统治的基础。建文帝的大批旧臣，只要投降归顺，则不再追究，继续任用。对于少数坚决不投降的，则残酷镇压。富有学识的方孝孺拒不投降，被酷刑虐待，并诛杀了"十族"，包括方孝孺所有的亲戚、朋友和学生873人，这成为历史上的一个大惨案。用这样不同的手段，朱棣很快稳定了政局，控制了政权。

为了能直接控制行政机关，明太祖废除了宰相制度，自己直接领导六部。每天事无巨细，件件奏折文书他亲自处理。高强度的工作，让明太祖难以承受，况且效果并不好。所以明成祖设置了内阁，挑选那些年轻有学识，但资历较浅的官员入阁参与政事，既忠诚可靠，又便于控制。明成祖任命解缙和黄淮等人为翰林学士，这些人有几个共同的优点：他们都很年轻，他们都来自明朝的南方和东南方，他们富有学识和行政经验。尽管他们都在建文帝手下当过官，明成祖还是不计前嫌，大胆起用，这些青年才俊逐渐成为明成祖的智囊团。他们接受明成祖的任务后，与六部的主管官员协商处理解决，逐渐掌控了六部。明成祖的这项措施，完善了行政机关，让一批资历较浅的官员，建立了便于自己掌控的执政体系，为永乐盛世打下了坚实的政治基础。

为了让官员尽忠守职，明成祖加强了监察机构的建设，设立了御史视察制度，还恢复了此前的特务机关锦衣卫[①]。1420年，明成祖在北京创建了新的权势更大的特务机构——东厂。这个机构由亲信宦官掌管，只听命于明成祖，不受其他部门的辖制。东厂和锦衣卫可以对官员和百姓进行秘密监视、侦察、抓捕、刑讯，直至杀人，其震慑力不可小觑。但由于这些机构的权力不受法律限制，可以为所欲为，后来逐渐发展成为最恐怖、最黑暗的特务组织，以致于人们一听到东厂和锦衣卫就倍感恐惧。明成祖采用了这一系列的措施，核心目的就是要保证皇帝的专制集权，让自己能号令天下，稳稳当当地做皇帝。

多年的政治经验让明成祖深刻意识到，只有百姓的安居乐业，才是天下稳定的基础。为此，他下令大力发展和完善军事屯田制度，在不提高赋税的前提下，保证了军粮和边饷的供给。在中原各地鼓励民众垦种荒闲土地，疏通河道沟渠，保障农业灌溉。多种措施并举，大大促进了农业的发展。农业的发展，也带动了不同产业的繁荣。国富民安，缓和了社会矛盾，使政权更加巩固。

明代东厂青铜"腰牌"

迁都北京

朱棣在做皇帝之前，曾在北平经营20多年，北平一直是他的势力范围。北平的地理位置也很重要，它地处北方农业区与牧区接壤处，交通便利，既是北方政治和军事要地，又是汉族和蒙古及各族商人贸易的中心。如果定都北京，不仅可以有效抵御元朝残余势力和蒙古人的入侵，还可以进一步控制东北地区，有利于维护国家稳定。因此明成祖在政权稳固之后，就积极着手筹备迁都。

1403年，礼部尚书李至刚建议把北平改为北京，然后迁都北京。此建议与明成祖的计划不谋而合。但是迁都是国家大事，一切举措必须考虑周详、谨慎行事。为了让臣民都能接受迁都计划，明成祖大力提升北京的政治、经济地位。首先，明成祖下令将北平更名为北京，指定其为南京的陪都。此举对提升北京的政治地位至关重要。其次，设立顺天府，对京师周围五州22县进行直接控制管理，其管辖区域的面积近3万平方公里。这一措施也是为了提高北京的行政、军事地位。然后明成祖又下令疏浚在元代淤塞多年的大运河，通过运河漕运来拉动沿途特别是北京的经济发展，千方百计来提高北京的经济地位。

　　为了让北京迅速繁荣，明成祖下令从山西、江浙一带向北京周边大规模移民屯田，并规定所有移民五年之内减免一切赋税。目前尚在服役的士兵，只要愿意到北京垦荒种地，一律可以退伍。靖难之役形成了大量流民，明成祖也下令把他们组织起来，送到北京去种田。明成祖还下令释放轻罪囚徒，把他们安置到北京周边地区垦荒种地。凡是愿意到北京的种田者，政府免费向他们提供耕牛、农具和种子。与此同时，明成祖还将大批工匠迁往北京，施予他们优惠政策，例如免税、赈济优厚等。在苦心经营多年后，北京逐渐具备了大都市的规模，完全可以比肩南京了。

　　1406年，北京的地方官奉旨征调了上百万工匠、民夫，正式修造北京的宫殿和城市。北京现存的故宫、天坛、太庙、中南海、景山等规模宏大的建筑及高大的城墙城门，都是在那时开始

位于北京中轴线上的故宫

陆续建造的。1421年,明成祖下令,正式确定北京为都城。正月,明成祖首次在北京奉天殿上朝,文武百官前来觐见。随着皇宫及朝廷各个部门迁都工作的就位,明成祖终于完成了迁都计划。此后北京一直作为明朝的都城,见证了它的兴衰。

辽阔的版图

明成祖即位前,曾在北方抗御蒙古。即位后,他更加意识到和平稳定的环境对国家发展的重要性,为了营造四方边境的和平,明成祖煞费苦心。

1403年始,明成祖就派人先后招抚了女真人,以及奴儿干地区的各个部落。

1413年,西藏宗教领袖宗喀巴派弟子释迦也到南京,由中央政府授予官职，明政府对西藏加强了管理。

1406年至1407年，明成祖出兵攻打安南（今越南），取得了胜利。从此安南改称为交趾，并入了明朝的版图。安南问题的解决，巩固了明朝东南边陲的和平与稳定。

为解除蒙古在北方的威胁，永乐帝五次亲自率军出征，保卫了北方边疆的安宁。他还鼓励汉人和蒙古人开展贸易。当时已有蒙古人定居在辽东半岛，在永乐年间他们派出了纳贡使团向明朝纳贡，作为回报，他们定期得到来自明朝的礼品和补助。他们的居住地成为了一个缓冲带，保障了明朝北方边境的安全。

1416年，为了防御倭寇，明成祖下令在辽宁半岛旅顺口等地，修建了七座烽火台，并派兵防守。1419年6月15日，明军与倭寇在辽宁半岛的最南端望海埚展开激战，明军大获全胜，歼灭倭寇742名，生擒857人。此役狠狠打击了倭寇的嚣张气焰，维护了明朝东南沿海的安全。

在明成祖的悉心经营下，明朝不但获得了和平稳定的发展环境，其领土面积更达到了1100多万平方公里。

郑和下西洋

郑和出生于公元1371年，是云南回族人，原名叫马和。公元1381年，明朝军队攻占云南，马和当年只有10岁，被俘虏之后带回南京，成为太监，后来被选送入朱棣的燕王府。

在靖难之变中，马和多次立下战功。公元1404年，明成祖御书"郑"字，赐马和郑姓，所以马和也叫"郑和"。明成祖很信任郑和，升任他为内官监太监，官至四品，地位仅次于司礼监。1431年，明成祖钦封郑和为三宝太监。1433年4月，郑和在印度古里去世，尸体后来被送回南京，赐葬在南京的牛首山。

郑和一生最大的成就，是自1405年到1421年，先后七次出使西洋，完成了人类历史上伟大的壮举。

郑和的船队有60多艘船，近3万人，出使到达今东南亚各国，越南、菲律宾、印尼、马来西亚、泰国；到达今印度、斯里兰卡、孟加拉国，以及西亚的伊朗、也门、沙特阿拉伯，还曾到东非的索马里、肯尼亚等地。郑和的远航，把中国的农产品、手工艺品，铁器、瓷器、丝绸带到各地，把各地的土特产、药材、珍宝带回中国，促进了中国和各国的友好交往。郑和每次出使西洋回航时，都会有大批各国贡使随船队来到中国。1423年郑和第六次回航的时候，船上载有16个国家的1200多名使臣及其家属。等到永乐后期，来明朝朝贡的国家已经超过了60个。

郑和七次出使西洋，体现了泱泱中华的博大宽厚、平和与善意，显示了当时中国先进的造船及航海技艺。郑和的船队由五部分的成员组成，他们分别负责指挥、航海、贸易、后勤、护航等任务。郑和乘坐的船也称郑和宝船，是当时世界上最大、最先进的远洋海船，船上配备了指南针等先进的航海仪器，保障了远航的安全。郑和的每次远航，都做了周密的准备，甚至采用在船上种植蔬菜的办法，保障船员的健康。

郑和

　　郑和七次出使西洋，彰显了明朝的国力以及对外交流的意愿，也大大促进了中国与世界各国在政治、经济、文化方面的交流。他的航行比哥伦布发现美洲早87年，比达·伽马首航印度早93年，比麦哲伦到达菲律宾早116年，无愧为世界航海史上的伟大先驱。

恢宏巨著——《永乐大典》

1403年，明成祖开启了一项庞大的文化工程。明成祖委托翰林院大学士解缙，编修一部包罗万象、涵盖古今世间知识的百科全书。明成祖曾对解缙说："解爱卿，你编撰的这本书，要包罗概括宇宙万象，要体现历史长河，要涵盖百家的学说，要汇集各种知识。"

一开始解缙没能很好地理解明成祖的想法，不到一年工夫，就编成了一部名为"文献大成"的著作。明成祖看后很不满意，认为所包含的内容不够详尽，遂又下令重新编修。还让太子少师姚广孝、礼部尚书郑赐等大臣，来协助解缙完成这件壮举。看到明成祖从翰林院和国子监抽调了3千多名学者来参与这项工作，解缙这才明白，明成祖要他完成的是像修造长城一样的，伟大而艰巨的工程。

唯一的办法，就是埋头苦干。解缙事无巨细，带领着这支庞大的编修队伍，夜以继日地进行着编辑、校订、录写、绘图等工作。《永乐大典》中所有的文字，都是由文士们用端正的楷书，一笔一画抄写出来的。大典中所画的风景器物，也都是采用细腻的白描画法。就连每一页朱红色的边栏界行，也是采用手工，细致、工整地绘制的。

1408年，《永乐大典》终于问世，其间的甘苦只有亲历参与的人才能体会到。《永乐大典》收录了从先秦到明初的8千多种书籍，内容涵盖了历史地理、文学艺术、哲学宗教、科学技术

《永乐大典》书影

等百科文献，字数更达到惊人的3.7亿字。全书共计22937卷，分装成11095册，仅目录就有60卷，是迄今为止世界上篇幅最大的百科全书。这么一部宏大的典籍又是如何检索的呢？《永乐大典》的编修者们采用的是"用韵以统字，用字以系事"的方法，巧妙地解决了这部巨著的检索问题。

《永乐大典》问世后，被保存在南京文渊阁的东阁里。公元1420年，明成祖迁都北京，将一部分藏书带到了北京。明成祖对这部巨著厚爱有加，时常翻阅。《永乐大典》是一部中国著名的古代典籍，与法国狄德罗编纂的《百科全书》和英国的《大英百科全书》相比，要早问世了300多年。

　　1900年八国联军侵略北京，《永乐大典》遭到浩劫，有的被侵略者烧毁，有的被侵略者抢走。到20世纪末，从世界各地搜集到的《永乐大典》只有800卷，还不到全书的3%。

小链接：

"公鸡蛋"

　　解缙（1369年—1415年）是明朝内阁首辅、著名学者。解缙小时候聪明绝顶，李尚书爱才，便将女儿许配给他，做了娃娃亲。有一天明成祖要他的岳父李尚书进贡公鸡蛋，李尚书急得饭也吃不下，觉也睡不香。后来还是夫人出主意，说："你不是说解缙聪明吗，让他来想想办法。"解缙听了之后说："这还不容易吗？我替你去进贡就是了。"李尚书将信将疑。解缙于是去见明成祖，明成祖见他两手空空，就问他："李尚书怎么没来？"解缙答道："李尚书在家生小孩，不能来。"明成祖哈哈大笑，说："男人怎么会生小孩？"解缙不慌不忙地说："是呀！男人不会生小孩，公鸡怎么会生蛋呢？"明成祖很高兴，给了解缙很多赏赐。

盛世成就

明成祖朱棣有超群的文功武略。他在位期间，大胆改革机制，设置内阁制度。为了维护国家的统一和安全，他亲征蒙古，收复安南（今越南），抗击倭寇，巩固了南北边防，保障了明朝辽阔疆域的安全。在经济建设方面，他下令疏浚运河，使之成为南北方之间商业物流的动脉，川流不息的船只，能从长江下游区域直抵北京。

明成祖重视农业生产，在位期间颁布了多项利民政策，提高了农民生产的积极性。各种农作物，特别是经济作物的种植面积和产量都有提升。他大力推广棉花种植，从湖广发展到河南、山东、河北各地，纺织业也随之迅速发展。永乐年间，棉布、丝绸这些深加工产品的税收，已成为赋税的重要来源。

政府还鼓励手工制造业的发展。明代的制瓷业达到很高的水平。釉彩方面的成就尤其突出，甜白、翠青、釉里红是永乐时期的名贵瓷器。铁的产量也从先前的120万斤增至830多万斤，增长了七倍之多。

明成祖对文化和教育，也是高度关注。他亲自到孔庙祭祀孔子，鼓励民间办学，传授儒学文化，并下旨编修《永乐大典》。

明朝政府积极发展对外交流和海外通商，举全国之力，先后七次派遣郑和率领庞大的船队出使西洋，这不仅是世界航海史上的壮举，也是中国与世界各国人民友好往来的见证。

经过多年的筹备，明成祖终于在1421年完成了迁都北京的计划，此举对强化明朝统治意义重大。

明成祖在位期间，励精图治，将靖难之后饱受内乱、满目疮痍的国家，治理成昌隆富庶、疆域辽阔的帝国。由于明成祖年号为"永乐"，后世的史学家把这一时期称为"永乐盛世"，赞扬其"远迈汉唐"。

永乐时期的世界，发生了重要的变化

中国郑和下西洋之后，巨大的远洋船只被拆毁，中断了中国与海外的交往。欧洲却开始了一次又一次远航，开创了地理大发现的壮举。在短短的三十多年里，欧洲人到达了非洲最南端的好望角，到达了北美洲，穿过太平洋，到达亚洲，实现了环球航行。欧洲人强占并奴役着大片大片的殖民地，掠夺了数量惊人的财富。欧洲出现了资本主义的萌芽，开始了文艺复兴，开始迅速地发展和进步。

此时，美洲的玛雅文明处于鼎盛时期，南亚的莫卧儿帝国发达繁荣，但都面临着西方殖民主义的侵略。

知识拓展：

①锦衣卫

锦衣卫是明代出现的特务机构，由皇帝任命的锦衣卫指挥使统领，一般为武将，直接向皇帝负责。锦衣卫的主要职能是"保卫王权，打击罪臣"，负责侍卫皇帝，侦缉军队和官员的重大案件。锦衣卫建于明朝初年，曾一度废除，明成祖又恢复了锦衣卫，并设置北镇抚司，下设监狱、法庭，可以直接逮捕、刑讯拷问、判刑。东厂是明成祖建立的特务机关，由皇帝派出的亲信宦官执掌，向皇帝报送秘密情报，对皇族、官员、百姓，甚至锦衣卫进行秘密监视、侦察，有抓捕、拷问、关押、杀人的权力，不受任何法律约束。东厂有严密的组织，番役千余人，有流氓无赖为帮凶。锦衣卫和东厂是无法无天的特务组织，是皇帝推行专制统治的最黑暗最恐怖的得力工具，严重地毒害了社会风气，人人谈之色变。

锦衣卫服饰

第十二章　仁宣之治

王朝档案：仁宣之治

【朝代】：明朝
【帝王】：明仁宗朱高炽、明宣宗朱瞻基
【民族】：汉族
【盛世成就】：宽松治国、避免战争、发展经济、社会稳定，后人把这个时期比成是西汉的"文景之治"。

　　1424年明成祖朱棣去世，他的儿子朱高炽，孙子朱瞻基先后即位。朱高炽即明仁宗，年号为洪熙；朱瞻基即明宣宗，年号为宣德。虽然他们的统治时间合计才有11年，但由于采取了相对宽松的治国政策，对外减少不必要的战争，对内让民众得以休养生息。洪熙、宣德两朝努力发展农业及手工业的生产，促进经济和文化的繁荣。他们在位期间，国力强盛、政治清明、社会稳定。后人把他们比喻为汉朝的文帝和景帝，称他们统治的时期为"仁宣之治"。

明仁宗朱高炽

明仁宗朱高炽是明成祖的长子，他性格温和，知书达理又非常孝敬长辈。可由于身形肥胖，导致体质较弱，这也是明成祖一直犹豫是否让他即位的原因。由于解缙的力荐，明成祖最终才同意。朱高炽1424年登基的时候，已经46岁了，虽然踌躇满怀，可令人遗憾的是，即位后仅十个月，就突然病故了，让后人惋惜。明仁宗的执政风格与他的父亲明成祖大不一样。明成祖崇尚武功，无论是对内还是对外，都善使用铁腕手段。而明仁宗却体现了儒雅之风，治国风格则是仁政爱民。

明仁宗朱高炽

仁者之政

仁宗即位时，国家又是什么样的状况呢？经过明太祖和明成祖的多年经营，明朝拥有了统一且辽阔的疆土，社会经济也有很大的发展，国家得以强盛。但在繁荣的背后却隐伏着社会危机。太祖、成祖两朝皇帝力行的严刑峻法，让统治阶层内部的矛盾日益尖锐。又由于社会矛盾的深化，阶级矛盾也愈趋凸显。这些问题，仁宗看得很清楚。想当年父王明成祖忙着挂帅亲征时，朝中的事务已经由朱高炽主理了十年之久，因此仁宗即位后很清楚自己要做哪些事情。

明仁宗即位后的当务之急，就是要缓和各种矛盾，尽快发展经济，与民休养生息。明仁宗虽然在位时间很短，但做了几件非常重要的事情。他登基之后立即停止了对外大规模用兵，让百姓得以休养生息，使经济和生产得到了复兴。他还赦免了建文帝的许多旧臣，平反了一批冤狱，废除了不合理的苛政。仁宗时期读书人的待遇比洪武、永乐两朝都要好一些，使文化得到了复兴。明仁宗上台不久，就大胆纠正了父王明成祖执政中的一些问题，这种魄力和智慧，实属难得。

明仁宗颁布了一系列仁政措施。对于建文帝时期很多旧臣的家属，以及永乐时期遭连坐流放的官员家属，仁宗予以赦免，并允许他们返回原住地。他赦免了一批冤案、错案，比如方孝孺的"诛十族"惨案，大学士解缙的冤案，都在这一时期得到了赦免或平反。他还恢复了一些大臣的官爵。这些措施，在一定程度上减少了统治集团内部的矛盾。

明仁宗下令减免赋税，对于受灾的地区，大力赈济。他还开放一些山林沼泽，供农民捕鱼打猎。并对流民妥善安置。百姓得以安稳的生活，也使严峻的阶级矛盾得到缓和。

明仁宗是个崇尚儒家思想，有着仁爱之心的皇帝，在他病故前夕，还颁布了一道诏令，进一步告诫司法机构须有法必依。在宣判前一定要复查对犯人的指控，以免出现冤案、错案。他严令禁止对犯人滥用肉刑。他觉得这些残忍的做法，是和儒家的仁爱原则，以及孝道伦理完全相背的，应该废除。

用人之道

明仁宗似乎想要替他的父亲还债。对于民众，他希望施行仁政；对于官员，他要弥补公道。好在这些官员大都是因为坚持己见，敢于谏言，才受到明成祖的处罚，当仁宗重新重用他们时，不免心生"士为知己者死"的感恩之情，在任时做出了不错的政绩。

比较典型的例子是夏元吉、吴中。他们都是在永乐年间被贬的官员，明仁宗让他们分别担任户部尚书和工部尚书。明仁宗的用意不仅仅是补偿他们所受到的不公，更是要提供一个平台，让他们尽情地施展才华。明仁宗还对内阁进行了改组，入选人员均为著名的翰林学士和干练的官员。

仁宗皇帝是一个惜福感恩的人，他心里最感激的有两个人，一位是蹇义，另一位是杨士奇。这两人曾陪伴朱高炽走过了人生最艰难，也是最重要的阶段，他们之间的亲密关系可想而知。所以仁宗即位后也就格外器重他们，特别是与杨士奇的关系非常密切亲近。仁宗信任杨士奇，也为他耿直的性格担心，唯恐他因为做人做事的直来直往，得罪小人，而遭报复。杨士奇对仁宗的厚爱感激不尽，更竭尽全力地去维护仁宗，尽忠国事。

小链接：

夏元吉为民造福

夏元吉做户部尚书时，得知湖南、江西两地的农民生活极苦，他一直为此很苦恼。有一次，他随明仁宗南巡，来到湖南、江西交界处，想到了一个主意。他让人事先在一个山坡上，用蜜糖写下几个大字。蚂蚁喜欢吃蜜糖，不久都聚集在那些字上。明仁宗看到这些字，很好奇，脱口念道："湖南免渔课，江西免山税。"夏元吉立即跪谢。明仁宗顺水推舟，免征湖南、江西两地的税收。当地人感激夏元吉，都说："夏尚书做官，荫盖湖南、江西两省。"

明仁宗对内阁进行了改组，入选人员均为著名的翰林学士和干练的官员。他非常倚重内阁的臣僚们，经常召见内阁重臣，要求他们对现行政策提出意见和修改建议。内阁不再是一个咨询机构，正式成为了决策机构。

接下来，明仁宗把更多的精力花在行政改革上：无能的官员被解除官职；官员到了70岁就要退休；失职的官员解职或降职；有突出政绩的官员则被重用。仁宗还提倡人尽其才，提拔那些朴实、亲民的官员担任地方的行政职务，而公正廉明、原则强的人则会被委任负责司法工作。为了使行政更加有效，明仁宗曾赐给杨士奇、杨荣、金幼孜、夏元吉四位重臣每人一颗银印，上面刻着"逢错必纠正"的警言。

在任命各级官员时，明仁宗特别看重道德修养。权谨是一名低级官员，因为是个大孝子，被仁宗选中，提拔到内阁委以重任。为了使政府机构更有效率，明仁宗还改革了科举制度。他认为原来的科举制度对南方人有利，而对北方人则不利，于是便规定了比例，按40%的比例录取北方考生。

明仁宗一系列的改革措施，稳固了政权，为社会的百业复兴，打下了良好的基础。

经济的复兴

明成祖在位期间，制订了很多项耗资巨大的计划。这也是让明仁宗最为头疼的，即位之初，他便马上叫停了诸如郑和远洋这样耗费国力的大项目。仁宗即位后，颁布了多道诏令，例如，取缔木材、金银等商品的国家征用法。仁宗认为，国家如果需要这些物资，也应该公平购买。对那些遭受自然灾害的地区，减免当地百姓的田赋，向他们提供粮食和其他救济。

有一件事情让仁宗苦恼，那就是永乐后期，流亡人口急剧上升。百姓们流离失所，政府也损失了大量的税收。为了缓解这一现象，1425年2月，明仁宗颁布诏令，要求流亡者回到自己的家乡，除了免除他们之前所欠的赋税，还免除两年的劳役和赋税。

明仁宗成立了一个调查团，专门调查应天（今南京）、苏州、松江、嘉兴等地百姓的纳税负担情况。可惜明仁宗还没有看到这份调查报告，就离开了人世。

留给明仁宗的时间实在是太短了，他的很多理想和抱负，只能随着他的去世而付之东流。但仁宗力行的仁政爱民政策，使社会经济得到了快速的恢复，为明宣帝执掌的宣德王朝的辉煌，打下了坚实的物质基础。

对于明仁宗的早逝，史学家们十分惋惜。凭他的能力，如果天假以年，应能再塑新的盛世。

明宣宗朱瞻基

明仁宗朱高炽的皇位，还没有坐满一年，就突然去世了。他的儿子朱瞻基即位。虽然即位过程中，出现了汉王朱高煦阴谋夺权的插曲，但也没能阻挡朱瞻基当上大明皇帝。

朱瞻基小的时候，就备受爷爷明成祖朱棣的喜爱。传说，在朱瞻基出生前一天的夜里，当时还是燕王的朱棣做了一个奇怪的梦，梦里明太祖朱元璋交给了朱棣一块瑞玉，并告诉他"传之子孙，永世其昌"。朱棣醒来，觉得这个梦十分吉祥。第二天，小孙子就呱呱坠地了，朱棣认为是应验了昨夜的梦，心中不免大喜，觉得是大明的好兆头，于是给这个长孙取名为朱瞻基。

明宣宗朱瞻基

明成祖真是打心眼里喜爱朱瞻基，他时常牵着小孙子的手，参观农具和农家的生活衣食，讲述百姓的疾苦。随从们不免窃窃私语："咱们的皇上平时总是板着脸，唯独看到孙子的时候，脸上才能见到笑容。"1411年，朱瞻基被正式立为皇太孙。这一年，年仅15岁的朱瞻基就一身戎装，随着明成祖伐南讨北了。朱瞻基悟性很高，喜爱读书学习，在战争环境的历练下，很快练就了文武双全的好本事。这给他日后的执政，打下了坚实的基础。

解决藩王问题

　　明仁宗病逝，明宣宗即位，汉王朱高煦趁机叛乱。朱高煦性情凶悍，曾经和明仁宗争夺太子位，明成祖去世后，又曾伺机叛乱。

　　得知汉王反叛，明宣宗连夜召开了秘密会议。会上，重臣们一致建议宣宗率军亲征。进军途中，有人认为汉王会先攻打济南，有人认为汉王会引兵南下攻取南京。明宣宗却摇摇头说："济南城虽近，但城池坚固，防守严密，想必汉王不会发兵去攻。再有，他部下的家眷都在乐安（今山东东营），谁愿意跟着他去长途奔袭，攻打南京呢？汉王之所以敢起兵反叛，是因为觉得我年纪轻，好欺负，以为我不敢亲征。现在他得知我率军亲自去讨伐他，一定害怕得要死，哪里还敢去攻打其他地方呢！"果然不出宣宗的预料，汉王得知宣宗亲征，吓得龟缩在乐安，看到朝廷大军压城，汉王内部更是众叛亲离，走投无路的朱高煦只好向明宣宗投降请罪。明宣宗用自己的智慧和果敢迅速平定了这场叛乱。

回到北京后，明宣宗马上传诏给赵王朱高燧，暗示他交出兵权。赵王不敢重蹈汉王的覆辙，乖乖地交出了兵马。就这样，困扰明朝半个多世纪的藩王问题，在明宣宗手里终于得到了解决。

重用贤臣

明宣宗这么快就解决了藩王的问题，除了他的智勇双全，还得力于他所重用的贤臣。明宣宗周围有一批著名的大臣，包括杨士奇、杨荣、杨溥、夏原吉、蹇义等人，他们为"仁宣之治"做出了重要的贡献。

这些人臣，各有所长。蹇义具判断力，杨荣有魄力，杨士奇稳重，夏原吉仁爱。宣宗委派他们以不同的重任，来发挥他们各自的长处。例如人事的问题，蹇义的意见至关重要；行军打仗的事，交给杨荣很放心；礼仪大典，杨士奇会安排得很到位；民生社稷，夏原吉考虑得更周详。这些大臣都能以国家社稷为重，不计较个人恩怨，相互谦让、包容。据说有一次，杨荣接受了边将馈赠的良马，明宣宗听说了这件事，就征求杨士奇的意见。杨士奇说："杨荣通晓军务，是我和众位朝臣所不能比的，陛下不应该因为这样的小错，就弃他不用。"明宣宗说："杨荣曾经在我面前，说过不少对你和夏原吉不利的话，你难道还这么维护他吗？"杨士奇平和地回答："即使杨荣大人说了一些对我们不利的话，想必也是出于国家利益，希望陛下能够像包容我一样包容杨荣。"杨荣知道此事后，非常惭愧，主动放弃前嫌，和杨士奇结为知己。

大臣之间的和谐包容，让政府的行政效率大大提升。明宣宗对重臣十分信任，只要他们提出的建议合理，宣宗总是虚心接纳，君臣之间的关系融洽。

为了加强对官员的控制，宣宗继续扩充锦衣卫和东厂规模，对官员秘密监督、侦察。宦官的权势越来越大，监领地方、军队和外交，进一步加强了君主的专制统治。这是宣宗加强统治的另一支力量。

体察民情

明宣宗小的时候，就经常跟着明成祖巡察，体察民情，对百姓的疾苦深有感受。有一次明宣宗外出返京，看到几个农民正在耕田。他接过农民手中的犁把，勉强推了三下，已经是气喘吁吁。宣宗感慨地对随行的大臣们说："朕只推了三下犁，就觉得很累。人常说，劳苦者莫如农家，这话真是一点不假啊！"

有一年河南发生灾荒，当地的一个知县冒着获罪的风险，私自决定把驿站的公粮赈放给灾民。明宣宗知道后，不但没有追究，反而赞同他的行为。宣宗说："如果按照手续层层上报，等到批准后，老百姓早就饿死了。"

1430年夏天，京畿[①]地区发生了严重的蝗灾，明宣宗派遣官员前往负责灭蝗。派出的官员出发后，细心的宣宗还是不放心，马上又下令户部，监督负责灭蝗官员的行为。宣宗深知，官员不得力对百姓的危害，往往不小于蝗灾，所以要有严格的监管。

一旦某地受灾，明宣宗就会迅速颁布赈灾措施。包括大力度的免税、减赋政策，有力地促进了农业生产的恢复。为了让流亡在外的灾民们重返家园，政府还发放救灾粮食、生活用品及农具。

为了少给百姓增加负担，宣宗主张节俭。他身体力行，反对奢侈，停止修建所有宫殿。宣宗在位时修建的唯一大规模的建筑，就是仁宗陵墓。这个陵墓由宣宗直接规划，仅用了短短三个月就修造完毕。仁宗陵墓与先帝太祖和成祖的陵墓比起来，简直是太寒酸了。像宣宗这样不轻易动用徭役的皇帝，还真的不多见。

得益于明宣宗对民情的关注和对百姓疾苦的感受，宣德时期执行的一系列与民休养生息的政策，使农业及手工业生产得到了快速恢复和发展，百姓的生活有所改善，阶级矛盾也得到了缓和。

一心一意，发展经济

稳定的政局，宽松的政策，加上有效的管理，使宣德年间百业兴旺，也保证了国家充足的财政收入。农业生产发展迅速，农户与垦田数量双双增多，农田面积达4.2亿亩，比明初增加了一倍。粮食总产量也有大幅度的提升，达760亿斤。除农业之外，手工业也得到发展，当时的纺织业、制瓷业、钢铁冶炼都享誉世界。宣宗时期的青花瓷器、铸造的铜器，做工精致，器型秀美，成为杰出的精品。商业的繁荣，使商品的流通发展到了一个新的阶段，大量的商品通过海外贸易行销到海外。

明宣宗的发展经济之路也不是一条坦途，其间也是阻力重重。例如给长江中下游地区减税之事，就让宣宗费了周折。

长江中下游地区，本是鱼米之乡、富庶之地，由于当时税赋沉重，贪官污吏横行，农民弃地逃亡现象很普遍，欠税情况严重，造成整个区域经济发展低迷。要想改变这样的情况，必须减少官田的税赋份额，清除官吏的贪污不法行为。

明宣宗就此问题多次召开会议，出自对各自利益的考虑，大学士们积极支持减税，户部官员们却极力反对。1430年，明宣宗力排阻力，下令在全国范围内减税。可政策的贯彻，却受到户部和地方行政官员的层层阻挠。在宣宗的直接过问下，直至1433年，苏州地区减去租税70万石的措施才得以执行。随后，长江中下游地区的减税政策逐渐得到了落实。通过这件事情可以看出，宣宗发展经济的决心和韧劲。

盛世成就

在历史上，明仁宗、明宣宗常常被比作周朝的成王、康王，汉朝的文帝、景帝。"仁宣之治"是守成[2]君王的典型。

明仁宗在其执政理念中，充分显示出他的仁爱宽厚。仁宗选用贤臣，裁减庸员，废除酷刑，停止了多项耗费国力的计划。他以唐太宗为楷模，采取减免赋税、赈济灾区、安抚流民等一系列措施，让百姓得以休养生息，社会生产力快速发展，使明朝进入了一个更加稳定、繁荣的时期，拉开了"仁宣之治"的帷幕。

明宣宗即位后，对内加强皇权，重用贤臣。大胆进行政治和社会改革，发展经济；对外则致力于营造有利于国家发展的和平环境。

明宣宗统治的时期，没有重大的外来或内部危机，君臣关系和谐，政局稳定。人口和垦田数量有了较大提升。农业和手工业进一步发展，全国各地新增了大量商业城市。商业的繁荣，也促进了商品的流通和物流业的发展。明朝对外贸易的规模进一步扩大，和明朝开展贸易的国家也有所增加。另外政府还重视图书出版，大力发展文化教育。宣德年间出版了大量的各类图书，特别是小说创作取得很高的艺术成就，是明代小说创作的繁荣时期。为了传播明朝的影响，密切明朝与各国的关系，扩大海外贸易，明宣宗派遣郑和第七次出使西洋。

明仁宗和明宣宗开创的仁宣之治，虽然只有短短的11年，但这段时间是明朝的黄金时期。国家政治清明、国力强盛、技术先进、百姓安居乐业。对外开放的政策，让中国的思想文化影响到国外。强大的明朝雄踞在世界东方，被人们敬慕、向往。

但是，由于宫廷、皇族和官吏的费用日益增加，又有庞大的军费开支、城市建设、水利工程，财政支出越来越多。宣宗时期已经开始显露财政拮据的被动局面。同时，仁宗、宣宗倚重宦官，重用锦衣卫和东厂的特务组织，为明代社会带来日益严重的后果。

小链接：
郑和第七次出使西洋
1430年6月，明宣宗授命年逾六旬的郑和率领船队，第七次、也是最后一次出使西洋。明宣宗意在恢复明成祖时期建立的纳贡关系。沿着熟悉的航线，船队重新访问了东南亚、南亚各地，进一步密切了明朝与这些国家的关系。

知识拓展：

①京畿
国都周边地区。
②守成
保持前人创下的成就和业绩。

第十三章　万历中兴

王朝档案：万历中兴

【朝代】：明朝
【帝王】：明神宗朱翊钧
【民族】：汉族
【盛世成就】：政局稳定，军事上取得胜利，经济发展，出现资本主义萌芽，市民文化大发展，思想和艺术繁荣，创造了明朝中期的最好时代。

1572年，年仅10岁的明神宗朱翊钧即位，成为明朝的第十三位皇帝——万历帝。他登基初期，国家面临内忧外患的困境。内阁首辅张居正①辅佐幼帝，主持万历朝新政。张居正从上至下实施改革，推行一条鞭法。改革使经济得到发展，国家收入大大增加。明神宗统治中期，发动了"万历三大征"，平定了蒙古人哱拜叛乱和播州杨应龙叛乱，并出兵帮助朝鲜击败了日本侵略者。明神宗时期，中国的资本主义萌芽开始出现。百业兴旺，经济增长，商业发达，国力大大提升。万历初期和中期，思想和艺术空前繁荣，市民文化也得到了很大发展。明朝的这一繁盛时期，历史上称为"万历中兴"。

明神宗万历帝朱翊钧

首辅大臣辅佐幼帝

1572年，明穆宗去世，皇太子朱翊钧登基称帝，成为明神宗，当时明神宗还只是10岁的孩子。高拱、高仪和张居正是三位内阁成员，也是明穆宗遗命辅佐小皇帝的大臣。

和明神宗的关系最密切的，首先是他的母亲李太后，其次是照顾他日常生活起居的太监冯保，最后是他的老师张居正。李太后很尊重张居正，要求张居正严格教导小皇帝。冯保则被小皇帝称作"大伴"，关系亲密。

明神宗即位的时候，高拱有一次说"十岁太子如何做得了皇帝"。冯保把这句话报告了李太后，太后对高拱起了戒心。高拱为了独揽大权，一心想除掉冯保，于是他秘密联络张居正协同行动。张居正表面上答应，却把高拱的计划通报给了冯保。冯保马上把高拱的阴谋禀告李太后，李太后立即和小皇帝联合下旨，把高拱逐出了朝廷。不久，高仪得病而亡。三位内阁顾命大臣中，仅剩下了张居正，成为首辅大臣，掌控了重任。

小皇帝很尊重张居正，一直称张居正为"先生"。他下的诏令中，只要提到张居正的地方，他都会端端正正地写上"元辅"两个字。

万历朝的前十年，在明神宗的授权下，张居正以天下为己任，对政治、经济进行了大刀阔斧的改革，使政府机构运作良好。改革取得了很好的成效，国家财富和实力得以快速增长。

一条鞭法

明朝设立了名目繁多的赋税，明朝初期，这些税赋是财政收入的重要来源。到了明朝中期，由于土地兼并严重，大量土地集中到了少数权贵地主手里，为了逃避税收，他们瞒报人口和土地数量，这样一来，大大减少了政府的财政税收。国家每年的财政支出高于财政收入，连年入不敷出，每年亏损一百多万两白银，把国库里大量的存银几乎用罄，明政府的财政陷入了窘境。

1531年，南赣都御史陶谐首次在江西实行"一条鞭法"，把编征徭役的重点从人户丁转向了田亩，取得了不错的效果。这为张居正后来大规模推行"一条鞭法"积累了可贵的实践经验。

明神宗即位仅仅一个月，张居正就重新启用了赋闲养老的王国光。60岁的王国光出任户部尚书后，开始对全国粮食进行统计

张居正

和控制。由于明朝人口增长很快,边疆战事又很频繁,管好粮仓成为非常重要的事情。王国光推行"天下抚按官"的措施,把粮食的调配大权牢固地控制在国家手中,缓解了粮食紧张的局面。王国光在他编著的《万历会计录》中,记录了他在实施改革中的经验。《万历会计录》成为张居正推行"一条鞭法"的理论依据。

1580年，张居正开始在全国范围内丈量土地。结果让人震惊：全国田地实际为701万顷（约7.01亿亩），比1571年的登记数据增加230多万顷。查明这数量惊人的被隐瞒土地后，政府开始重新收税。

1581年，张居正在全国正式实行了"一条鞭法"。"一条鞭法"的核心，就是把徭役和田赋、人丁税合并，取消按人口交税的办法，改为按照土地面积纳税。"一条鞭法"中还规定，把征收稻米小麦粮食的实物税方式，改为统一上交银两的货币税。这是中国田赋制度史上的一次重大改革。将赋役税收统一，不仅简化了赋役的分类和征收手续，而且限制了官吏和豪绅地主作弊，也减轻了农民的负担，让他们有更多时间从事农业生产。

随着"一条鞭法"的推行，明朝的财政状况大为好转，国库存银达七八百万两，每年都有节余。到了1582年张居正去世时，明朝国库结余的白银达到900多万两，皇家仓库的存粮达1300万石，够维持十年之久。

"考成法"和政治改革

吏部尚书王国光是张居正的得力助手，他的一些改革尝试，为张居正提供了很好的经验。

当时的行政机构，办公程序非常复杂，从地方到中央，各级文书手续耗费了大量精力，办公效率低下。在张居正的支持下，王国光大刀阔斧地进行改革，去掉了近半数的繁文缛节，大大提高了审批效率。当时户部的不少官员经常告假,待处理的文件越积越多。王国光发现这些问题后,要求所有官员必须保证工作时间,做到各司其职。在王国光的严格管理下,户部的运转逐渐开始顺畅了。

1573年11月,张居正下令实行"考成法"。明确了官员职责和考核办法,成为官员升迁任免的主要依据。

张居正要求各级政府部门,每月一小考,每年一大考。严格的监管,迫使官员们注重行为和业绩。在这个过程中,有十分之三的官员被免职,可见考核的力度之大。通过实施"考成法",内阁牢牢把握了行政、监察大权,地位直线上升,作用也越来越大。

整顿军备,加强边防

张居正在着手政治、经济的改革时,不忘整顿军备,加强边防。在目睹了前朝国防虚弱、军备废弛的弊端后,张居正下决心要强化军事力量。领兵打仗,将领最为重要,因此张居正对驻边将领的挑选甚为严格。兵马未动,粮草先行,为了保证部队的后勤,张居正训令诸边将囤积战备物资,勤于训练并做好武器的日常保养,还鼓励军队开荒屯田,务必做到兵精粮足,战守有备。

张居正重用了一批守边将领,这些忠诚的将领,为保卫边防做出了重要贡献。张居正委派名将戚继光镇守蓟州(今天津蓟县），李成梁镇守辽东（今辽宁省大部分和吉林省一部分），王崇古守卫宣府、大同防线。有了这些大将坐镇边关，张居正悬着的心终于可以放下了。

除了加强军事准备，张居正还通过发展边境通商等一系列安抚睦邻的政策，与蒙古族人民积极开展边境贸易，互惠了两国百姓，让边境得以祥和安宁。当时东起延永，西至嘉峪关的千里边防线，出现了"军民乐业，不用兵革，岁省费什七"的局面，明朝不仅节省了庞大的军费开支，还得到了和平。

万历三大征

张居正是一个很有才学的老师，也是一位有作为的首辅。明神宗年少时，对张居正毕恭毕敬，甚至有些畏惧。长大以后，却越来越不喜欢张居正了。张居正推行的改革，得罪了很多官僚贵族，他们一再向明神宗告张居正的状。神宗皇帝对张居正表面上客客气气，可心里甚为不满，他希望把皇权完全控制到自己手里。1582年张居正病重去世，去世仅仅半年，明神宗就下令抄了张居正的家，没收了全部家产，家属也受到牵连，打死饿死多人，结局非常凄惨。

明神宗亲政后，在处理张居正的身后之事上薄情寡义，但在执政方面，倒是有一番作为。明神宗统治中期，经历了三个重要的战役，分别是"宁夏之役""朝鲜之役""播州之役"，每场战役都一波三折，惊心动魄。最后都以明朝的胜利而告终。

万历三大征的第一场战役是"宁夏之役"。1592年，原为宁夏副总兵的哱拜发动兵变，杀死宁夏巡抚，自立为王，想占据宁夏，建立割据政权。

明神宗率明军出征宁夏。后又调李如松任宁夏总兵，调集辽东、山西等地，以及浙江和苗族的军队前往宁夏进剿。明军将宁夏城团团围住，使之成为孤城。叛军失去外援，城内弹尽粮绝。在明军强大的攻势下，叛军内部发生火并，军心涣散，向明军投降，哱拜畏罪自尽。宁夏叛乱终于被平定了。

万历三大征的第二场战役是"朝鲜之役"。丰臣秀吉[②]于1590年统一了日本，1592年4月，丰臣秀吉调集了18万人的军队，发动了侵略朝鲜的战争。企图以朝鲜为跳板，进一步侵略中国。由于朝鲜军备孱弱松懈，釜山、汉城和平壤在两个月之内相继被日军占领，王子被俘，形势危急。

朝鲜国王向明朝政府一再求救。明神宗与重臣分析了朝鲜的战局，一致认为，倭寇攻打朝鲜仅是第一步，侵占中国才是其真正的目的，出兵援朝，实质上就是保卫国家。1592年10月，明神宗任命李如松为御倭总兵官，他的弟弟李如柏、李如梅为副总兵官，率领4万精锐明军，赴朝作战。李如松做了详细的战略部署：步兵充当前锋，骑兵作为后援，主攻北部要塞牡丹峰。再以四路明军，攻打平壤城。一支明军穿上朝鲜军服，利用守城日军轻视朝军战斗力弱的思想，一举攻下了守备力量薄弱的南城。随

后西城、北城也相继被攻克。日军首领小西行长带领残兵，向东南方向突围。李如松早就在此安排了伏兵，明军一路夹击，日军损失惨重。明军的各式火炮在战斗中显示了强大的威力，如雨点般的炮弹，炸得日寇抱头鼠窜，对战役的胜利起了重要作用。日军退到釜山一线。1593年，双方和谈。但是三年后，丰臣秀吉又发动了第二次侵朝战争，出兵14万人。气焰嚣张，来势汹汹，一度进逼朝鲜王京（今首尔）。明军奋力抵抗，在海上，明军水师在与李舜臣率领的朝鲜水军的紧密配合下，与日本水军展开了激烈的海战，中朝水师大获全胜，共击沉、焚毁日军战船900

余艘，全歼了日本水军。在陆上，明军乘胜追击，很快收复了平壤、开城，直驱釜山。前后经过七年的激烈战斗，迫使日军撤出朝鲜，明军取得抗日援朝的胜利。

万历三大征的第三场战役是"播州之役"。杨应龙世袭了父亲杨烈的播州（今贵州遵义）宣慰司职位。1598年，杨应龙叛乱，时叛时降，从此开始了与明政府"猫捉老鼠"的游戏。他一会儿跟朝廷唱对台戏，率军骚扰烧杀，一会儿又乖乖地纳贡归顺，痛哭流涕表示悔改。最终，明神宗决心彻底解决杨应龙。1599年，杨应龙趁明朝大军奔赴朝鲜抗日，发动叛乱，歼灭了一支3千人的明朝军队。1600年初，从朝鲜战场腾出手来的明神宗，调集了20万大军开赴播州。杨应龙的军队当时仅有2万人，哪里是明军八路大军的对手。杨应龙战败后，自缢身亡，其余将领被活捉。明神宗平定了杨应龙的叛乱，解除了困扰多年的麻烦，西南地区更加稳定。

万历三大征，明朝付出了巨大的代价，但维护了政局，并赢得了领土的完整和边境的和平。抗日援朝的胜利，更打出了明朝的国威。

繁荣的经济

明神宗中期，大片荒芜的土地被开垦成良田。现在我们熟悉的玉米、番薯、烟草、花生，都是这个时期从国外引进的。水稻和棉花种植面积也大规模地扩大，农业生产水平是当时世界上最高的。手工业也得到了迅速发展，各行各业能工巧匠辈出，手工业的技术和规模达到了很高的程度，很多产品所达到的技术水平，即使让现代人看起来也会叹为观止。当时最为发达的行业主要有钢铁和铜铅冶炼、棉纺织和丝纺织、制瓷、造纸、印刷等。经济的发展和贸易的繁荣，催生了很多商业城市，如杭州、苏州、南京等地，徽商晋商实力雄厚，足迹遍天下。社会经济的快速发展，在经济发达地区出现了相当数量的由私人资本经营的民间手工业工场，出现了雇佣和被雇佣的劳动关系，有了最初的资产所有者和被雇佣劳动者的队伍，还出现了代表资本主义萌芽状态的新兴市民社会力量，这一切都反映着中国的资本主义萌芽开始孕育。

明神宗时期，全国人口数量进一步增加，突破了一亿人口，

万历年间官窑瓷器

192 发现中国
Discover China

政府及民间财富快速积累，使国家的综合实力有较大的提升，万历年间的明朝呈现出一派繁华富丽的景象。

盛世成就

万历朝前期，明朝政府进行了包括"一条鞭法"在内的一系列政治改革，完善了吏治，严明了法纪。任张居正的推动下，明朝改变了"重农轻商"的观念，实施农业与商业并重的发展政策。政府不再随意增加商业税，让商人的利益得到了保障。在这样宽松的环境下，农业、手工业和商业都得到了长足发展，从而催生了中国资本主义的萌芽。

万历中期的三大征战，都取得了胜利，维护了政局稳定和领土完整，也打出了国威，显示了明朝的军事实力。

万历帝在位前十五年，国家收入大增，商品经济空前繁荣，社会风尚呈现出活泼开放的新鲜气息，市民社会发展、市民力量壮大。开放的社会环境，让学派繁荣，思想解放，涌现出很多有成就的思想家。这个时期，来自欧洲的西方文明首次叩开了中国的大门，东西方文明有了友好交流的机会。

万历时期，华夏的科技和文明，再次站在了世界的巅峰。出现了方以智、李时珍、徐光启、徐霞客、宋应星等科学巨人。

在艺术方面涌现出徐渭、董其昌等杰出的书画家。明朝的戏剧也得到了大发展，汤显祖是当时最著名的戏剧家。

万历初期和中期是明朝中叶发展最好的时期，虽然短暂，却很辉煌。后人把这段时期称为"万历中兴"。

万历王朝的后期,明神宗长期怠政,连续二十多年不上朝,不及时处理朝政,躲在深宫贪恋酒色。政府机构残缺瘫痪,官员腐败,宦官专权,统治阶级内部纷争不断,结党营私,危机深重,政治形势日益败坏。明神宗下令征收高额矿税等多种税收,一年收税竟高达1700万两白银,却仍入不敷出,官吏又乘机贪污敲诈,使得民不聊生,兵变民变频频发生。同时,东北的女真部落迅速崛起,努尔哈赤统一了女真各部,建立后金政权(后改为清),成为一支强大的军事力量,开始对明征战,形成巨大的威胁。

万历朝一共延续了漫长的48年,前十几年是辉煌盛世,后几十年逐渐变成衰世、乱世。万历帝病逝于1620年,他死后,爆发了大规模的农民起义,清军多次进攻,国内一片险恶乱象,1644年明王朝灭亡。历史学家认为,明朝的灭亡,"实亡于神宗"。

万历帝统治时期,欧洲迅速崛起。在荷兰,爆发了资产阶级革命,建立了荷兰共和国。西班牙和葡萄牙在亚洲、非洲、美洲占领了大片殖民地,掠夺了巨额财富。欧洲多国在文艺复兴时期,出现了许多文化、科学领域的杰出人物,如英国的莎士比亚、培根,德国的开普勒,意大利的布鲁诺、伽利略……他们都为人类的文明和进步做出重要贡献。俄罗斯伊凡四世大举扩张,占领了西伯利亚广阔的土地。在亚洲,丰臣秀吉统一了日本,并对外侵略。而中国却由盛世转为衰世。

知识拓展：

①张居正

张居正（1525年—1582年），著名政治家、改革家。张居正少年时是个神童，他5岁就识字，7岁能看懂八经，12岁考中秀才，16岁考中举人，23岁考中进士。张居正参与了徐阶与严嵩两位阁老之争，积累了丰富的政治斗争经验。万历皇帝登基后，张居正成为首辅。张居正担任首辅期间，实行了一系列改革措施，让明朝出现了短暂的兴盛局面。

②丰臣秀吉

丰臣秀吉(1537年—1598年)，日本战国时代著名政治家和军事家。丰臣秀吉原是下层武士，后来投靠了织田信长，屡立战功，崭露头角。在1590年至1598年期间，他统一了日本，成为了日本的实际统治者，施行的刀狩令、太阁检地等政策，大大提高了日本在军事和经济上的实力。丰臣秀吉妄想建立一个亚洲帝国，他曾说："图朝鲜，窥视中华，此乃臣之素志。"1592、1597年两次悍然发动侵略朝鲜的战争。1598年，丰臣秀吉因病去世。

第十四章　康乾盛世

王朝档案：康乾盛世

【朝代】：清朝

【帝王】：康熙帝爱新觉罗·玄烨、乾隆帝爱新觉罗·弘历

【民族】：满族

【盛世成就】：清朝统治的顶峰，中国皇权社会的最后一个盛世。

"康乾盛世"，是清王朝统治下的繁盛时期。"康乾盛世"包括康熙、雍正、乾隆三位皇帝的统治时期，长达一百多年。在这一个多世纪的时间里，清王朝社会稳定、人口增长、经济发展、疆域辽阔，达到了清王朝统治的最高峰。

康熙帝

爱新觉罗·玄烨是清朝入关定都北京后的第二位皇帝，康熙是他在位期间的年号。公元1661年，只有8岁的玄烨登基，成为康熙皇帝，在位时间长达61年，是中国历史上在位时间最长的

康熙皇帝

皇帝。为了巩固皇位，16岁的康熙在1669年制服了首辅大臣鳌拜。1673年，康熙做出了撤藩的决定，平西王吴三桂、平南王尚可喜、靖南王耿精忠三个藩王起兵反叛。1681年，康熙最终平定了这次"三藩之乱"，巩固了清朝统治。平叛的胜利，台湾的收复，让康熙奠定了清朝兴盛的根基，捍卫了多民族国家的统一，开创了康乾盛世。

康熙帝扳倒鳌拜

1661年正月初八，顺治帝去世，留下遗诏，指定由皇三子玄烨嗣位（即康熙），索尼、苏克萨哈、遏必隆、鳌拜为辅政大臣，当时康熙只有8岁。四位辅政大臣在顺治灵前盟誓，要全心全力辅佐康熙。但是，随着形势的发展，有"满洲第一勇士"之称的鳌拜，逐渐掌握了大权，成为康熙亲政的一块绊脚石。

小链接：
索尼与铁帽子王

　　顺治帝去世后，遗诏让索尼与苏克萨哈、遏必隆、鳌拜四位大臣共同辅政。索尼知道后，跪在地上请求与诸位王爷贝勒，即世袭王爵的八大铁帽子王，共同辅佐新皇帝。诸王说："先帝因为了解你们四位大臣的能力，才将这么重要的任务托付给你们。谁敢干预和违抗先帝的遗命？"于是，索尼等四大臣带着康熙帝在顺治帝灵柩前宣誓，一定要齐心合力，辅佐新帝。铁帽子王是对清代世袭王爵的俗称。在清代初期，设立了八位铁帽子王，都是取得战功的皇室宗亲，其中六位是和硕亲王，两位是多罗郡王。

　　1667年6月，索尼病逝。在此之前，索尼上书请求康熙开始亲政。苏克萨哈多年与鳌拜不和，知道索尼一死，再也没有人能制约野心勃勃又飞扬跋扈的鳌拜，便请求解除自己的辅臣之任，要去为顺治帝守陵。鳌拜没有放过苏克萨哈，竟然罗列了24条罪名，最终将苏克萨哈处以绞刑，并诛灭全家族，制造了一起大冤案。苏克萨哈的死，让康熙感到紧张和恐惧，也加剧了他与鳌拜之间的矛盾。

　　四个辅臣中只剩下鳌拜和追随鳌拜的遏必隆。鳌拜更加骄横放肆，把持了议政王大臣会议和六部的实权，经常迫使康熙改变自己的主意，顺从鳌拜的想法。

康熙的皇权受到严重威胁，所以他下定决心要铲除鳌拜的权力集团。为了不让鳌拜及其党羽发觉，康熙挑选了一批身强力壮的亲贵子弟，整日在宫内练习摔跤。鳌拜以为康熙沉迷于嬉乐，放松了警惕。

　　1669年，康熙预先将鳌拜身边的亲信支走，并安排亲信掌管了京师的卫戍大权。一切布置妥当以后，康熙传旨让鳌拜入宫见驾。鳌拜没有丝毫防备，大摇大摆地走上殿来。康熙一声令下，埋伏好的摔跤手一拥而上擒住了鳌拜。康熙布置大臣连夜审讯鳌拜，确定了鳌拜30条罪状，条条都是死罪。

　　为了活命，鳌拜请求康熙开恩，掀开衣服让康熙看自己身上的一处处伤疤，哭诉自己当时舍命救皇太极的经历。康熙考虑到鳌拜确实有功，虽然擅权，但没有反叛。于是网开一面，将他判处终身监禁，囚禁起来。鳌拜的党羽，有的被处死，有的被削职。曾经的冤假错案，也被一一平反。成为阶下囚的鳌拜终日郁郁，不多久就死在了狱中。康熙终于解决了自己的心头大患，那一年，他才16岁。

平定三藩之乱

　　清军入关之后，一方面要继续打击李自成的农民起义军，一方面又要防止反清复明势力的壮大。清朝统治者考虑到自身的军事实力不足以覆盖广大的区域，因此让投降的汉人将领协助掌控南方各省。就这样，吴三桂被封为了平西王。吴三桂坐拥强将精兵7万多人，镇守云南和贵州。尚可喜被封为平南王，陈兵广

200 发现中国
Discover China

东。耿仲明被封为靖南王，雄霸福建。三王各霸一方，各自的势力也得到了快速扩张，逐渐把持了南方各省的统治权。三个藩王的野心也在日益膨胀，对清政府的威胁开始显露，成为清朝中央政府的心头大患。

小链接：
吴三桂和陈圆圆

陈圆圆是明末"秦淮八艳"之一，能歌善舞，被吴三桂看中，纳为小妾。1644年，闯王李自成在长安建立大顺政权，随后率军占领了北京。吴三桂当时担任辽东总兵，驻守在山海关，听说京城失陷，崇祯自缢身亡，吴三桂便归顺了李自成。后来，吴三桂听说他的父亲吴襄被抓起来，他的爱妾陈圆圆也被李自成的将领抢走，非常生气，说："大丈夫不能保护自己的女人，还有什么脸面见人啊！"他决定投降清朝，于是打开山海关，将关外的清军铁骑放了进来。李自成腹背受敌，溃不成军，退出了北京，最终被消灭。清军进入北京，并在北京定都。混乱中陈圆圆逃出北京，后跟随吴三桂到了云南。吴三桂叛乱时，陈圆圆坚决反对，苦苦相劝，后凄凉出家。

1673年春天，康熙做出撤藩的决定。平西王吴三桂不甘心束手就擒，率先反叛。1674年1月，吴三桂杀死云南巡抚朱国治，起兵造反。吴三桂的叛军很快占领了湖南、四川，当地的官员纷纷投降叛军。

吴三桂又联络福建的耿精忠（耿仲明之孙）、广东的尚之信（尚可喜的儿子），彼此呼应，扩大了叛乱的范围。此外，广西、陕西、湖北、河南等地，也都有将领响应叛乱。清朝政府顾此失彼，一时间手忙脚乱，难以应对。

康熙帝心里清楚，三个藩王中，吴三桂是最危险的敌人。擒贼先擒王，康熙决定集中力量打击吴三桂，遂调集清军主力主攻湖南。为了避免多线作战，康熙对其他反叛者则采取招抚的办法，先稳住他们。

恰在此时，对耿家地盘窥视已久的郑经（郑成功[①]的长子），趁机率军从台湾出发，进攻福建沿海地区。郑经的进攻确实帮了清军的大忙，耿精忠担心腹背受敌，于是投降了清军。很快，尚之信也归顺了清朝。吴三桂失去了盟友，不敢冒进，双方进入了相持状态，局势对吴三桂越来越不利。

1678年，吴三桂在衡州（今湖南衡阳）称帝，立国号为周。可此时的吴三桂已经穷途末路，看不到希望，不久便积郁而终。他的孙子吴世璠即位，但难以抵挡清军强大的进攻，叛军在战场上节节败退。1681年冬，清军攻入云南，大势已去的吴世璠选择了自我了断。随后，康熙对尚之信、耿精忠撤藩，把各地的行政军事权力收归中央，统一管理。三藩之乱终于被平定，清朝迎来了稳定发展的时期。

经济大发展

康熙平定三藩后，开始大力发展经济。康熙在位期间，采取了减轻徭役、降低赋税的政策。他认为，人民生活富足是社会稳定的根本。为此，他留下了"永不加赋"的遗言。为了保护农民利益，康熙废除了"圈田令"，废除了贵族肆意把田地据为己有的特权，让百姓有了维持生存的土地。

为了鼓励百姓开垦荒地，康熙下令延长垦荒的免税时间。清朝建立之初，开垦荒地的免税时间是三年，后来改为六年。1673年，康熙帝再次放宽免税年限，新开垦的荒地十年后才开始征税。这一政策激发了农民开荒垦田的积极性，全国耕地面积迅速增加。康熙还规定，原先属于明朝宗室的土地，如果已经被农民耕种，他们就能够继续使用这些土地，而且不用为此支付任何赎金。

得益于农业种植方法的进步，双季稻等种植技术在南方被快速推广，粮食产量大幅度提高，每年能够增产60多亿公斤粮食。在广东部分地区，可以做到"一年三熟"，按季节种植早稻、晚稻，以及油菜或甘薯。在土地不算肥沃的江西，也达到了"一年两熟"，早稻收获后，还可以种植荞麦。

平定三藩后，河务、漕运成为康熙王朝最重要的两件大事，康熙先后任用著名水利专家靳辅和于成龙，治理黄河与大运河，取得了显著的成绩。为了治水，从1684到1707年期间，康熙六次南巡，亲自监督水利工程的进展。

康熙统治中期，曾经遭受战乱而被严重破坏的手工业，也逐步得到恢复和发展。当时的商贸活动十分活跃，各种商品行销海内外，国与国之间，地区与地区之间的商业联系更加密切。例如，河南、河北产的棉花，运送到全国各省，还远销国外。广东佛山的各种铁器，在全国各地都有销售，有了"佛山的铁器遍天下"的说法。苏州的丝、棉织品，南京的绸缎，景德镇的瓷器，广东、台湾的蔗糖，浙江、安徽、福建、湖南各省的茶叶，也源源不断地销售到世界各地。

施琅收复台湾

消除了三藩的威胁后，康熙把注意力转向了台湾。

在台湾，郑经继承了郑成功的延平郡王爵位，仍然坚持明朝为正统政权，拥有南明政权的敕书、印玺。公元1681年，趁三藩之乱，郑经发兵攻击福建、广东，一度占领了厦门、漳州、泉州、潮州、惠州等城市。

由于跨海征战耗费巨大，郑军的军费严重透支，难以支撑战事的需要。为了进一步压缩郑经的生存空间，1678年，清朝政府又在福州、诏安等沿海城市设立了要塞，大大限制了郑经政权的商业活动，进一步加剧了郑经政权的财政困境。

1680年，清朝福建水师提督万正色带领水师，进攻郑经在东南沿海的占领地。郑经的军队孤军奋战，又得不到支援，只能放弃这些城市，退回了台湾。

1681年，郑经去世，年仅12岁的次子郑克塽成为延平郡王。将领之间为了争夺军权，开始火并。康熙得知此讯，认为收复台湾的机会来了。于是下令提拔归降清朝的台湾将领施琅为清军福建水师提督，做好收复台湾的准备。在施琅的治理下，福建水师面貌一新，装备了大批坚固的新战船。全军训练有素，士气高涨，做好了收复台湾的准备。1683年7月，施琅从铜山出征，率领2万水兵，分乘200多艘战船，浩浩荡荡地杀向台湾。郑克塽也在澎湖列岛布好了防线。双方在澎湖海上展开了激战，战斗持续了七天七夜。尽管右眼负伤，施琅仍然顽强地坚持指挥战斗。最终清军大败郑军，共击沉了郑军战船159艘，全歼了郑军主力。

攻下澎湖后，施琅一边继续加紧军事行动，一边开始对台湾的郑氏政权进行招抚。

澎湖的失陷引起台湾小朝廷的极大恐慌。1683年8月，郑克塽派使者求见施琅，表示了归顺清政府的意愿。清朝随后在台湾设置台湾府，接受福建省管辖。从此，宝岛台湾又回到了祖国的怀抱。

亲征噶尔丹

康熙帝时期，生活在长城外的蒙古各部落势力日渐强大，让清王朝感到不安。而当时游牧于天山以北地区的四个蒙古部落中，又以准噶尔部的势力最为强大。1671年，噶尔丹取得准噶尔部的统治权，被称为博硕克图汗。称汗后的噶尔丹，先是出兵占领了哈密、吐鲁番，又降服了天山南麓的叶尔羌汗国（疆域包括今吐鲁番、哈密、塔里木盆地），击破了哈萨克，占领了费尔干纳盆地等地区，开始称霸中亚。

1688年6月，在沙皇俄国的唆使下，噶尔丹率领三万骑兵从伊犁出发，猛攻东部的喀尔喀部。喀尔喀人抵挡不住噶尔丹的攻势，只能举族逃难至漠南乌珠穆沁（今内蒙古乌珠穆沁旗）一带，并请求清政府的保护。康熙收留了喀尔喀人，把他们安置在科尔沁（今内蒙古科尔沁旗），并派使者会见噶尔丹，希望他撤兵。但此时的噶尔丹，气焰非常嚣张，他不但对康熙的提议置之不理，反而率兵乘势南下，杀进乌珠穆沁境内。对于噶尔丹的猖狂进攻，康熙下令就地组织防御，进行阻击。同时调兵遣将，积极备战，做好北上迎击的准备。

康熙决定亲征噶尔丹，1690年8月，双方在乌兰布通（今内蒙古克什克腾旗）展开激烈的战斗，最终清军击破噶尔丹的防线。噶尔丹兵败，连夜向北仓皇撤退。噶尔丹的军队在撤退途中遭遇到瘟疫，2万余人最后活下来的只有数千人。乌兰布通之战，使噶尔丹失去对抗清朝的能力，只能在漠北一带活动。从1695年到1697年，康熙又连续三次亲征，彻底打垮了噶尔丹的军队，绝望的噶尔丹自杀身亡。

噶尔丹的死，标志着准噶尔部的没落，解除了蒙古部落对清王朝的威胁，维护了国家的统一。

力推民族融合

康熙很注意学习和吸收优秀的汉族文化，重视各民族之间的融合。康熙即位后，调整了民族政策，大力推行汉文化，要求满族人也要尊孔崇儒。

康熙酷爱读书，甚至达到了废寝忘食的地步。博览群书，让他通晓汉族文化，成为了一名知识渊博的君王。为了强化清政府的执政力量，康熙大力选拔、重用汉人官员。这些汉族官员也不负众望，政绩突出。例如姚启圣、施琅，在收复台湾过程中立有大功，再有李光地在平定三藩之乱中，也立下了汗马功劳。1679年4月，康熙帝在保和殿举行御试，录取了50名进士。这次被录取的人中，包括了朱彝尊、汪琬、毛奇龄、施闰章等多位知

康熙字典

名学者,这些人也都是汉人。

1710年,康熙下令编撰《康熙字典》。这部字典由文华殿大学士张玉书、文渊阁大学士陈廷敬等三十多位著名学者负责编写,他们参考明代的《字汇》《正字通》等古籍,花了六年时间才最终完成。《康熙字典》是首部汉字辞书,收录汉字47035个,成为现存研究汉字的主要参考文献之一。康熙还下令搜集各类图书1.5万卷,编印成《古今图书集成》1万卷,编纂了《全唐诗》等重要著作。

康熙除了对汉文化高度重视,对西方文化也很关注。他曾向俄罗斯的彼得大帝派出文化交流使团,还对生物、医学、代数、几何等方面的知识颇感兴趣。南怀仁[2]是康熙朝最著名的欧洲传教士,他向康熙传授代数、几何、天文、医学等方面的知识,获得了康熙的信任和尊重。1676年,南怀仁协助清朝制造了"神威无敌大将军炮",这种威力强大的武器,在与沙俄的"雅克萨之战"中发挥了重要作用。

乾隆皇帝

乾隆帝

　　清高宗爱新觉罗·弘历，是清朝入关之后的第四位皇帝。年号为"乾隆"，其寓意"天道昌隆"。乾隆25岁登基，在位六十年，禅位后又当了三年零四个月的太上皇，实际行使清政府最高权力长达六十三年零四个月。乾隆是中国历史上执政时间最长的皇帝，也是中国历史上最长寿的皇帝。

　　乾隆使清朝达到了康乾盛世的最高峰，民族融合在此期间得到了很大的发展。乾隆是中国封建社会后期声名显赫的皇帝，在

古代中国王朝盛世 209

他的统治下，国家统一、经济繁荣、文化发展、百姓安康。当时的清王朝是世界上幅员辽阔、人口众多、经济富庶、文化繁荣、国力强盛的大帝国。

驾驭群臣

乾隆即位后，第一件要做的事情，就是缓和父王雍正造成的政治紧张，释放了多名雍正时期犯有过错而遭监禁的大臣，缓和了统治集团内部的矛盾，稳定了清王朝的政局。此后乾隆又致力于整顿吏治，他挑选官员的方法很特别，年富力强是首要条件。55岁以上的官员要经过仔细考察才能任用，官员到了65岁要想继续任职，必须得有重臣推举，还要得到乾隆的同意才行。乾隆帝给官员们定下了五条规矩：第一，不称职的官员一律降职或予以处分，据说当年遭到此等处罚的官员多达6万多人；第二，严禁向皇帝进献礼品；第三，注重政绩考核，无论官阶大小，所有官员都在考核范围内；第四，政府采用高薪养廉的政策，解除官员们的后顾之忧；第五，贪官必惩。乾隆帝对帮派之争严加抑制，在处理具体事件中，注意秉持公正，避免造成统治集团内部的分裂。乾隆帝对历史上的宦官之害是有深刻了解的，所以委托内务府对朝内宦官严加管理，若宦官犯了死罪，内务府总管可以先斩后奏。

保疆守土

乾隆在维护国家统一和边疆稳定方面做出了杰出的贡献。当时清朝的疆域非常辽阔，总面积达到了1300多万平方公里。乾隆帝运筹帷幄，竭力维护了辽阔疆域的稳定和统一。

乾隆在即位初年，任命张广泗负责边疆事务，主要采取以安抚为主、征讨为辅的手段。张广泗上任后迅速平定了古州（今贵州榕江）、台拱（今贵州台江）等地苗人的起义。为了安抚苗人的抵触情绪，乾隆帝下令免除苗赋、尊重苗俗、实行屯田、慎选苗疆守令等一系列措施，保证了贵州苗族地区的稳定。

1745年，准噶尔部首领噶尔丹策零因病去世，准噶尔发生内乱，乾隆趁此时机，发兵占领了伊犁，攻取了新疆地区，天山南北从此完全归入清朝版图。

1747年，四川西部的大金川土司莎罗奔发动叛乱，乾隆屡次派兵围剿大金川，才平定了叛乱。到了乾隆中期，大金川再次发动叛乱，乾隆帝费了九牛二虎之力，又把叛乱平息。为了解决后患，乾隆在大金川废除了土司制，把其行政体系改置成府县城镇，强化了清王朝对大金川地区的统治，也促进了边疆和内地的经济、文化交流。

1750年，藏王珠尔墨特发动叛乱，被驻藏大臣傅清和拉布敦处死。珠尔墨特的余党不甘失败，他们攻击并杀害了驻藏大臣，西藏陷入了乱局。乾隆帝命策楞为主帅，领8000精兵入藏平定叛乱。平定叛乱后，清政府制定了《西藏善后章程》，从此废除了藏王制度，确立了达赖喇嘛与驻藏大臣共治西藏的体制，并通过了"金瓶掣签"[3]制度，由中央政府册封达赖、班禅的转世灵童，这些措施加强了清王朝对西藏的管辖。

1771年，土尔扈特部落首领渥巴锡汗，率领部众16.9万人从伏尔加河流域踏上东归路程。他们越过千山万水，克服重重险阻，终于于第二年6月抵达伊犁，此时仅剩下了6.6万人。乾隆对此壮举十分钦佩与重视，特下令伊犁将军把东归的土尔扈特部落妥善安置在水草丰美的巴音布鲁克草原，从此过上宁静祥和的生活。土尔扈特部落的东归，是康乾盛世时期的一大壮举，土尔扈特部落人民的故土情节，也是中华民族爱国情操的一个缩影。

世界经济强国

乾隆和祖父康熙、父亲雍正一样，非常重视农业生产。他要求北方向南方学习耕种技术，要求贵州地区的地方官员，从内地招募养蚕和纺织的能手，向当地人传授技术，利用贵州丰富的桑树资源发展丝织业。清政府颁布多项措施，鼓励全国各地开荒垦田，扩大种植面积。例如当时乌鲁木齐地区地广人稀，广袤的荒地无人开垦，于是清政府就组织甘肃的百姓前去垦荒种植，并对前往垦荒的农民给予大力的资助。雍正时期，全国的耕地面积为6.38亿亩，乾隆时期则达到了7.41亿亩。

乾隆帝很清楚，要想发展农业，良好的水利设施是基础。乾隆主张兴利除患，预防为要，统筹全局，在全国兴建了多项水利工程。在北方综合治理黄河、淮河、运河，修建了南阳至商丘境内的黄河河堤170余里。在南方疏通了江南运河、淮阳运河，修筑了江苏宝山至金山长达242里的块石篓塘，以及浙江金山至杭州长达500里的海塘，在云南四川整修了金沙江。这些浩大的水利工程，体现了当时中国高超的水利工程技术和清政府雄厚的财力，对防范水患，保证农业灌溉等方面起到了重要作用，极大地促进了农业生产。

乾隆帝非常重视商业。当时的清政府制定了宽松的商业政策，积极发挥商业活动在社会经济中的作用。例如商人到欠收的地方销售粮食，就可以得到免税的待遇，百姓甚至可以小规模地贩卖食盐，这在雍正年间是被严厉禁止的，可见当时商业政策的宽松。乾隆时期，江南与广东等地的丝织业与棉织业最为发达，其产品不仅供应全国，更远销海外，成为人们趋之若鹜的商品。江西景德镇成为世界制瓷业的圣地，每年有大量的瓷器出口到世界各地，做工精湛的中国瓷器让西方人叹为观止。因中国瓷器的名声太大，以至于在英语中，"瓷器China"成为了中国的代名词。乾隆时期的矿冶业也得到了快速发展，云南的铜矿，贵州的铅矿，广东、山西、河南、山东的铁矿，山西的煤矿，在开采规模和冶炼技术上，都是世界领先的。

此时的清朝已经出现了最初的金融机构，例如山西等地出现了银号（钱庄），是现代银行的雏形，经营汇兑、存款和信贷、发行有价证券等业务。这些银号的出现和发展，便利了商业经营，进一步活跃了商品贸易，对乾隆时期经济的繁荣发挥了重要作用。

稳定的政权，宽松的政策，使乾隆时期的经济得到了空前的发展。国家财政收入逐年提高，从1763年的3千万两，到1777年达到8千多万两的最高峰，可见当时清王朝的富庶。

乾隆不但是个有作为的皇帝，也是一位关心百姓疾苦的皇帝。为了稳定社会，让百姓也能受益于国家的富强，乾隆期间多次实行了减免税赋，其减免各种税赋的数额之大，在中国历史上也是鲜见的，据统计减免了将近有3亿两白银。

清乾隆景德镇窑山水图青花盘

乾隆帝与《四库全书》

乾隆富有学识，博览群书，能诗善画，特别是他的书法也是独具特色，今天我们还可以在很多地方看到他题写的墨宝。乾隆也是清朝中对文化事业最为重视、成就最大的皇帝。执政期间，他在全国搜罗进献图书字画，文化教育繁荣，组织编撰了规模宏大的《四库全书》。这套书由纪昀领衔，360多位高官和学者参与编撰，全书耗时13年才得以编成。《四库全书》分为经、史、子、集四部，故名四库。《四库全书》共有书籍3500多种，7.9万卷，3.6万册，总字数近8亿，基本囊括了中国古代的所有图书，所以才有"全书"的称谓。这套书仅抄写人员就达3800多人，可见其规模之巨和工作量之大。

同时，乾隆又大兴文字狱，严酷镇压知识分子，篡改、焚毁不利于清朝统治的大量书籍，钳制、禁锢学术研究，实施专制统治，对文化的发展有重大负面影响。

盛世成就

康乾盛世一个重要的标志，就是人口的增长。康熙六十一年（1722年），全国人口数量突破一亿五千万，乾隆五十五年（1790年）全国人口达到了三亿多人，约占当时世界总人口的三分之一，而且人民生活水平基本得到保障。

康乾盛世时期的版图是中国历史上最大的，在清朝政府的有效管理下，形成了空前"大一统"的多民族国家。

农业生产持续发展。在清政府的政策激励下，大量的荒地被开垦成良田。由于南北种植技术的交流，以及农作物优良品种的引进推广，全国的农业生产总值达到了历史的高点。

康乾盛世时期，中国手工业产值占全世界手工业产值的30%。丝织业、棉织业、制瓷业、制糖业、矿冶业的发展水平执世界牛耳，除了满足国内需要，还大量出口海外。

康乾盛世时期，商业高度发达，全国拥有众多的商业城市。繁荣的商业催生了中国早期金融机构"银号"的诞生，"银号"的诞生和发展又进一步促进了商业的发展。

康乾盛世初期，出现了以黄宗羲、顾炎武、王夫之三人为代表的一批杰出的思想家和学者。长篇小说在这个时期也大放异彩，诞生了吴敬梓的《儒林外史》，曹雪芹的《红楼梦》等巨著。特别是《红楼梦》以其思想和艺术的伟大成就，成为中国古典小说的巅峰。康熙、乾隆两帝还汇集众多高官、学者编修了《康熙字典》《古今图书集成》《四库全书》等大型文化典籍，成为中华文化宝贵的遗产。

《社戏》

从盛世走向衰亡

乾隆帝能骑善射。在位期间发动了多场战争，这其中有保卫国家统一、抵御外来侵略的正义战争，也有对内镇压人民起义和对邻国扩张的不光彩的战争。这些战争耗费了大量的国家财力，加重了人民的负担。乾隆喜好铺张、奢华的生活，他下旨改建新修了圆明园、颐和园等多处皇家园林，供自己和皇室享受。乾隆帝多次的巡游以及大兴土木，耗费了不计其数的人力、财力和物力。乾隆晚年宠幸和珅等贪官污吏，国家的吏治日趋腐败，贪污之风愈烈，使阶级矛盾日益尖锐。正是清王朝统治阶级的保守和腐败，最终使一个强盛的帝国走向衰败。

乾隆后期，正是西方资本主义快速发展的时期。清政府在对外关系上骄横自大，以天朝自居，恃强傲世，闭关锁国，禁止学习西方先进的政治经济和科学文化，束缚了中国进步，从此中国开始落后于西方。

乾隆晚年意骄志满，不思进取，重用贪腐官吏，天灾人祸交织，阶级矛盾尖锐，统治阶级保守腐败，走向衰落。中国的封建社会走向了末日。乾隆于1799年初去世，享年89岁。他去世后41年，爆发了鸦片战争，西方列强用鸦片和大炮打开了中国的大门，中国逐渐沦为半殖民地半封建社会。

康乾盛世时期的世界，是翻天覆地的时代。英国爆发了资产阶级革命，推翻了斯图亚特王朝。法国爆发了狂风暴雨般的大革命，宣告了封建王朝的末日，颁布了《人权与公民权宣言》（简称《人权宣言》），建立了拿破仑的统治。德国普鲁士崛起。俄国经过了彼得大帝和叶卡捷琳娜二世的改革，占领了欧洲、亚洲大片土地，成为欧洲强国。北美洲爆发了独立战争，建立了美利坚合众国，发布了《独立宣言》和《联邦宪法》。奥斯曼帝国走向衰落，印度的莫卧儿帝国被英国占领。

欧洲的经济、文化、科学技术迅速发展，杰出代表人物有英国的牛顿，他发现了万有引力，发明了微积分，有法国的伏尔泰、卢梭。英国开始了工业革命，1776年，瓦特制造出第一台有实用价值的蒸汽机，随即建成了钢铁的桥梁、船舶，促进了采矿、冶炼、机械制造、纺织业的发展，世界由农耕文明发展到工业文明。西方世界的政治、经济、文化、军事优势形成。而中国的乾隆皇帝，却重用贪腐佞臣，花天酒地地南巡游乐，用巨额财力建造圆明园、颐和园，大兴文字狱。有的历史学家指出，康乾盛世是中国封建社会灭亡前的回光返照。

知识拓展：

①郑成功
郑成功（1624年—1662年），明末清初军事家，著名抗清将领。南明皇帝赐姓朱，赐名成功，并封忠孝伯，世称"国姓爷"。公元1645年清军攻入江南，郑成功率领军队在中国东南沿海抗清，成为反清的主要军事力量之一。公元1662年，郑成功率军横渡台湾海峡，击败荷兰殖民军，收复了台湾。

②钦天监南怀仁

南怀仁（1623年—1688年），比利时人，耶稣会传教士。1658年来到中国传教，成为清初最有影响的来华传教士之一。他是康熙的科学启蒙老师，精通数学、天文、历法，擅长铸炮。康熙任命他为钦天监（国家天文台）的最高负责人，官至工部侍郎。南怀仁在传教的同时，大力传播近代西方科学知识，著有《康熙永年历法》《坤舆图说》《西方要记》等著作。1688年1月28日，南怀仁在北京逝世，享年65岁。

③金瓶掣签

依照西藏过去的惯例，确认灵童要问卜于四大护法，这样就有疏漏。乾隆为了加强对西藏政治和宗教的控制，特赐金瓶，放在拉萨大昭寺和北京雍和宫，遇到确定达赖、班禅灵童时，将灵童的名字及出生年月，用满、汉、藏三种文字写于签牌上，放进瓶内。选派真正有学问之活佛，祈祷七日，由驻藏大臣亲临主持，在拉萨大昭寺释迦牟尼像前正式认定。在雍和宫则由理藩院尚书亲临，主持指定转世灵童。金瓶叫作金奔巴瓶，平时放在宗喀巴佛像前，保持净洁，进行供养。

金瓶掣签所用金瓶